子どもの本屋は
メリー・メリーゴーランド

増田喜昭

晶文社

イラストレーション◎あべ弘士／荒井良二／飯野和好
ブックデザイン◎坂川栄治＋藤田知子（坂川事務所）

子どもの本屋はメリー・メリーゴーランド　もくじ

本を読む、人に会う

II　メリー・メリーゴーランド

町へ飛び出せ！

本屋さんの日記帳 PARTⅡ

ながーいあとがき

未来への手紙

二〇〇一年のお正月、世紀が変わったからといって特に深い感動はなく、「今日が明日になるだけさ」などと言ってかっこつけていたのだが、年賀状にまじってきた一枚のハガキを読んで感動してしまった。

一九八五年に書かれたその「未来への手紙」は、二〇〇一年にぼくの本屋「メリーゴーランド」に着くように郵便局で十六年ものあいだ保管されていたのだ。つくばの科学万博のケースに入ってきたから、たぶんその会場で書かれたのだろう。

「十六年先の未来にむけて手紙を書くなんて、すごく妙な気分です」という言葉からはじまって、十六年後にメリーゴーランドという子どもの本屋が元気に存在しているだろうか？　はたまた若くて元気な増田さんはどんなおじさんになっているのだろうか？　といったような内容で、「自分も相変わらず子どもの本に魅せられたステキなおばさんになっていたいなあ……」と結ばれていて、なんだか、この一枚の過去からの手紙はぼくの中にぐっとせまるものがあった。

ぼくは、あわててその人に返事を書いた。毎月発行しているメリーゴーランド新聞もいれて、「十六年前と変わらずやってますよー。また遊びに来てくださいね」などと書きながら、この手紙の差出人の青野久美さんはどんな人なのか思い出せないのだった。

手紙をポストに入れてから、ちょっとドキドキしていた。返事がきたらいいなあ……、と期待していたのだ。ところがそれからしばらくして「あて所に尋ねあたりません」という印の押された封筒が帰ってきた。大阪の茨木なのだが、誰か青野さんの新しい住所知りませんか？……

ともあれ、この一枚のハガキを眺めながら、十六年間、この小さな子どもの本屋が今日までやってこられたのをしみじみとふり返ってみる気になった。一九八三年、晶文社から『子どもの本屋、全力投球！』を出版して、たくさんの人たちに祝ってもらった。手紙もたくさんいただき「その後のメリーゴーランドを書いた二冊目はまだか」と何度も声をかけてもらった。

うまい具合にと言ってはなんだが、一九九七年から三年間、月一回朝日新聞で「本屋さんの雑記帳」というコラムで本のことや子どもたちのことを書かせてもらっていて、それをまとめてコピーして、いろんな人にあげていたら、「これ、本にならないんですか？」と言ってもらったので、ついその気になってしまった。

しかし、本になるならば、その後「いろいろあった」ことも書きたくなった。二十五年間子どもの本屋としてやってきて、本はおもしろくなったのか、売れるようになったのか？　子どもたちはどう変わったのか？　街は変わったのか？　本屋がどうして子どもたちと外へ出るようになったのか？　この機会にあれこれ書いておきたくなったのだ。

Ⅰ　ブックス・オブ・ワンダー

まつぼっくりくん　まちぼうけ

本屋さんの日記帳 PARTⅠ

とざい　とうざーい

○月○日
学校や幼稚園の先生から「本を読んで下さいな」と電話が入ると、ぼくはいそいそと出かけていく。今日は新一年生のクラスだ。なんだか新鮮な気分。絵本『じごくのそうべえ』を持っていく。

「とざい　とうざい。かるわざしの　そうべえ。いっせいちだいの　かるわざでござあい」。かなりむずかしい言葉の連続なのだが、子どもたちの目は、ぐーっと絵本の中に入り込んでくる。そうべえが地獄で大あばれするころには、子どもたちはもう、教室中ころげ回って笑っている。「そんなにおもしろいのだろうか」と、読んでいるぼく自身が不思議になって絵本をのぞきこむほどだ。

この絵本は「せんきすじ」だの「しょうずかのばあさん」だのおとなでも意味のわからない

子どもと本を読むのはおもしろい

言葉がたくさん出てくる。子どもたちは、言葉の一つ一つを理解して笑っているのではなく、皮膚感覚のようなもので笑っているのだ。もちろん、型絵染のユーモラスな絵のせいもあるのだが、何といっても、もとになった落語「地獄八景亡者戯《じごくばっけいもうじゃのたわむれ》」のスケールの大きさ、あっと驚く発想が子どものおもしろ心をぐいとつかむのだろう。

落語がすばらしいストーリーテリングであることは言うまでもないが、言葉の理解を超えた芸術であるような気がする。「わははは」とからだ全体で地獄を笑いとばす風景は、つらいことや苦しいことを、ユーモアと笑いで切り抜けてきた庶民のパワーを感じさせる。

それにしても、一年生はいいな。学校が楽しくてしょうがない、という顔しているから。

石ころに聞いた話

○月○日
「おじさん、あのものいう石げんき?」。お父さんと店にやってきた小さな女の子が、ぼくのシャツを引っぱりながらたずねてきた。

一瞬、ぼくには何のことだかわからなかった。が、次の瞬間、はっきりと思い出した。それは、一年ほど前、その子のいる保育園へ絵本の紹介に行ったときのことだった。駐車場に車を止めてから、絵本を忘れてきたことに気づいたのである。

困り果てたぼくは、足元にあった石ころを一個ポケットに入れて教室に入った。絵本を忘れてきたことを知ると、子どもたちから「バーカ」「どじねえ」などとヤジが飛んできた。すかさずぼくはポケットから石ころを取り出して、「さっき車から降りたらさあ、モシモシ、モシモシって小さな声が聞こえたんだ。それがこいつさ……」と口から出まかせのお話をはじめた。

ときどき石に耳を近づけては、「ふんふん」「なになに」といった調子で、次から次へと、石のつぶやきを紹介したのだった。そんなのうそだと知りつつも、子どもたちは、その一個の石に夢中になってしまった。

それから一年、うかつにもぼくはその石のことをすっかり忘れてしまっていた。それが、突然「あの石げんき?」ときたわけである。

ぼくは少々うろたえながら、「あ、あの石ね、い、いま旅行に行ってるんだ」と答えた。その子が一年間もおぼえていた驚きと、自分のした話を忘れていた反省とで複雑な気持ちだった。

しかし、よく考えてみれば、小さな石ころ一個の中には、実際、いろんな物語がつまっているんだろうなあ……と、机の引き出しの奥に転がっていたその石と再会した。

蔵の中で本を読む

○月○日

桜の散る日曜日、取り壊すことになった友人の母の実家で、荷物を出すのを手伝った。裏に回り、蔵に入って驚いた。そこの中だけ空気が違っているのだ。ひんやりとした蔵の中で、ぼくと友人は、その蔵が生きてきた気の遠くなるほどの長い年月を想った。友人は、夏休みにここで過ごした子どものころのことをなつかしそうに話した。

ぼくは、バージニア・リー・バートンの『ちいさいおうち』という絵本を思い出していた。のっぱらの小さな家が、街の開発が進み、都会の真ん中にポツンと一軒取り残されるというお話なのだが、家も生きていて人間のような気持ちがあるのだ、ということがわかる一冊だ。数々の物語の詰まった家具や食器を運び出しながら、ぼくの中で「この蔵を残したい」という気持ちが膨らんできた。そんな気持ちが通じたのか、いや、彼も同じ気持ちだったのか、「この蔵、壊したくないなあ……」とつぶやいた。

「子どもの図書館にしようよ」。ぼくの頭の中では、もうその蔵の中で本を読んでいる子どもたちの姿がはっきりと見えていた。

本を読むということは、時間の流れを越えて、自分自身の時間を作り出すことだ。全く新しい感じ方で、今までとは違った世界に足を踏み入れることだ。静かな蔵の中で、本の中の自分自身と向かい合うことがどんなにすてきなことか、ということを詩人・長田弘は『本という不思議』の中で、たっぷりと語っている。ぼくは、カバンの中にこの本を入れ、何度もページを開いている。近ごろ一番うれしい一冊だ。

ぼくはいま、物語の主人公の顔になった子どもたちが、この蔵の中から現実の世界へ飛び出してくる姿を思い浮かべながら、にんまりしている。

自分で選ぶ本

○月○日

きょうは「絵本遠足の日」。子どもたちが電車に乗って店にやってきた。けっこう広いと思っていた店の中が狭く感じられるほど、幼稚園児でいっぱいになる。なかなかよい眺めである。

この幼稚園では、子どもたちの選んだ本を園の文庫に入れている。十年ほど前に、「子どもたちに選ばせたら……」というぼくの意見に賛成してくれた園長が、「それじゃあ」と子どもたちを連れて来店してくれたのが、絵本遠足のはじまりだった。

園児たちは、店の近くにある神社の境内で、持ってきた弁当を食べる。それから、一人一冊ずつ自分で選んだ本をレジで紙袋にいれてもらい、抱えて帰っていく。まるでお買い物ごっこのようだが、次の日から園の文庫は、自分で選んできた本を、友だちや先生にすすめる子どもたちで大にぎわいだったそうである。

それ以来、ぼくは小学校や中学校に呼びかけて、いろんな年齢の子どもたちに、この絵本遠足にきてもらっている。やはり、子どもたちが選ぶ本は、ひと味違って楽しい。

中学生がきたときは、大きな写真集『職』から、小さいころ好きだったという『おばけのバーバパパ』まで、実にバラエティーにあふれる本を選んでいた。

なかなかこられない学校へは、ぼくが直接出かけて行って、体育館にズラリと本を並べ、子どもたちに図書室に入れる本を選んでもらったりしている。

きょうやってきた幼稚園の子どもたちは喜々として本を選んでいる。たっぷり時間をかけて、大好きな一冊を探しているようだ。早く選び終わった子どもたちは、店のスタッフがやる紙芝居に見入っている。こんな日が毎日続けばよいなあ……。

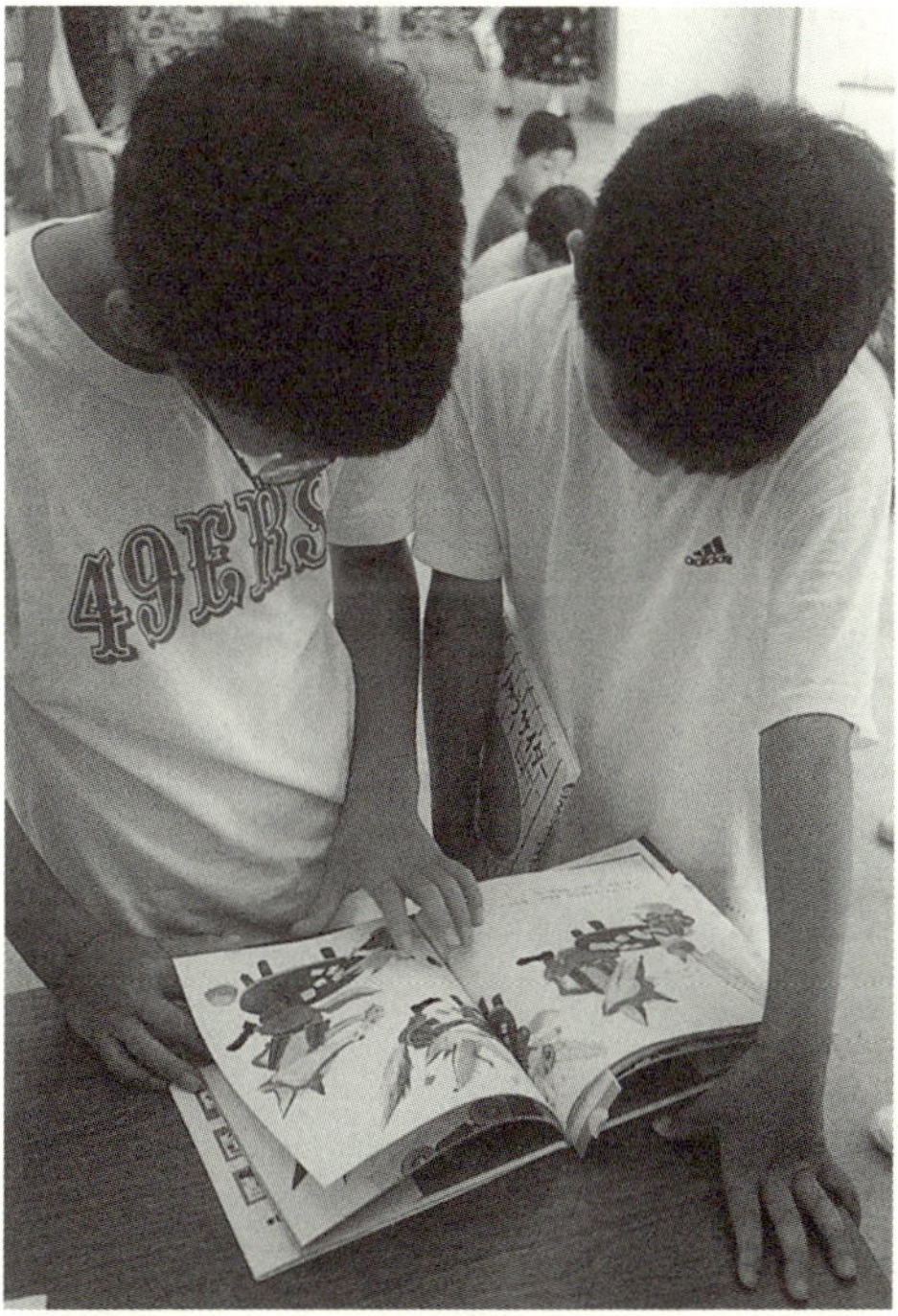

ふたりで読むともりあがる

子どものひとこと

○月○日

春はいい。新しいことがはじまる予感がうれしい。しかし、新しい学校や職場になじめず、悩んでいる人も多い。

店によくくる新米の幼稚園の先生もその一人。そのうえ失恋したそうで、落ち込んでいたらしいのだが、その翌日、勤めている幼稚園に人形劇がやってきた。園児たちがホールに集合しているのに、一人砂場で砂を掘っている男の子がいて、担任の先生が困っていた。彼女は「私がみてますから」と、隣で砂いじりをしながら、ついうっかり「あたし、彼にふられちゃった」とつぶやいたのだ。

すると彼は突然「かあちゃんびょうき」と言った。入ったばかりの幼稚園にとまどい、そのうえ、昨夜、母親が救急車で運ばれたそうである。

二人は人形劇が終わるまで穴を掘っていたのだが、翌日から彼女は毎朝、その男の子のクラスをのぞいた。「元気できてるのね」。そう思うと、自分も元気になっていくような気がしたそうである。ひょっとすると、その男の子も「おお、元気にきとるな」と思っていたかもしれない。

ぼくは灰谷健次郎さんの『いっちゃんはね、おしゃべりがしたいのにね』という絵本を思い出した。新米で気の弱い先生が失敗ばかりして泣きそうになっているのを見た、これまた気の弱い女の子が、先生を窓辺にひっぱっていき、「おそらのくもがやぶけようよ」と言ってあげるのだ。雲の切れ目から太陽がのぞいているのを眺めた先生は、元気を取り戻す。

子どものひとことで元気になるおとなは多い。中学生になった息子が卒業文集に書いていた。「いろんな思い出ができた。小学校ももう卒業、中学校では、勉強や部活がちゃんとできるといいな。不安もあるけど、明るく楽しい毎日にしたい」

隣りのおばちゃん

○月○日

小学校の一、二年生の子どもたちと遊んだ。いつも店をあらしにやってくるやんちゃな連中である。店もひまだし、ぼくは、久しぶりに本でも読んでやるかと彼らと話しはじめた。何がきっかけかは忘れたが、一人の子が、「母ちゃんなんか死んじまえ」といったようなことをパパッと言った。ぼくはびっくりして、少し腹が立ってきて、突然本を読むのをやめて、「○○だったらどうする」という遊びをはじめた。ああだったらどうする、こうだったらどうすると遊んでいるときに、「家に帰ったら、お母さんもお父さんも死んじゃってたらどうする」と言ってしまった。ああ、何て残酷な質問だあ、と思ったけど、さっきの興奮がぼくの中に残っていたのだ。すると彼らは「死なんもん」と言う。彼らの親は絶対に不滅なのだ。しかし、ここで負けるわけにはいかない。

「お母さんとお父さんが車で買い物にいくやろ、そうすると急に前のバスがキキーッと止まってそこにバーンとぶつかって、後ろからダンプがガーンときてグシャッとつぶれる。死ぬやろ」って言うと、「死ぬ」と答える。「さあ、どうする?」得意になってぼくが聞くと、「冷蔵庫開けて卵出して卵焼き作って食べる」「おばあちゃんとこ電話する」と急に現実的になる。

そうしてるうちにこんな子がいた。「隣りのおばちゃんとこ行く」。まあ、とりあえず腹へってるから、隣りのおばちゃんとこで何か食べさせてもらおうと考えたのだ。「ということは、隣りのおばちゃんは、君にとってすごく大切な人なんや」、そんな話になっていったのだが、そのやんちゃ坊主が家に帰る途中、たまたまその隣りのおばちゃんと道ですれちがったらしい。「おばちゃん、こんにちは!」、おばちゃんは目が点になってしまった。そのおばちゃんは、自分ところの息子は、その子のせいで悪くなってると思いこんでいるだけに、驚いたのなんの。

目が点になったまま店にやってきて、「ちょっと、増田さん、さっきな、あの子が私にこんにちはって言ったんやで」と自慢げに言うのだ。ぼくはもう、笑いたくてひくひくしてたら、「何がおかしいの？」と聞くので、さっきまで彼らとどんな遊びをしてたかを話したのだ。「親が死んだら、あの子は隣りのおばちゃんとこへ一番に行くそうやで、隣りのおばちゃんて、あんたのことやな」そう言いながら、ぼくとそのおばちゃんは、しみじみと、悪ガキのあの子のことを想った。

拳法の極意・その一

○月○日

風邪を引いた。熱もある。本屋の仕事は代理がいても、少林寺拳法の指導者はぼくしかいない。週二回、四クラスに分かれてのべ百人の小学生をみるのだから体力のない日はつらい。つらいまま子どもたちの前に立ち、思わず「今日は、とっておきの技を教える」「これは十年以上修業している人でないとなかなかうまくいかない」「拳法の極意だ」とかなんとか口から出まかせを言いながら、全員に死んだまねをさせた。「いいか、死人になるのはむずかしい」「息をしているのがバレてもいけない、かといって息を止め続ければほんとに死んでしまう」「息をしていないかのように息をするのだ」などともっともらしく言い、パンと手をたたいて「はい、死んで」。まったく変なかけ声である。

驚いたことに、子どもたちの死に方は実にすばらしかった。ねじれたようなかっこうで死んでるやつ、あおむけ、うつぶせ、それはもうさまざまである。

ぼくも、死人になって、というより、熱でしんどいので少しうとうとしてしまった。

はっと気がついたとき、死体はそのままじっとしている。「おお、そうだ、こんなにたくさんの死体は少しじゃまだからすみっこに片づけよう」と言いながらぼくは、子どもたちをずるずる引きずってすみに積み上げはじめた。死体はニコニコ笑っている。誰もひとことも話さない。どうやら積み上げられるのがうれしいらしいのだ。よく見れば、死体が少しずつぼくのほうににじり寄ってきている。早く積んでほしいからだろう。

拳法の極意・その二

○月○日
次の練習の日、子どもたちが「今日も死体ごっこやろうよ」とうるさい。いやあれは思いつきだったとも言えず、「いいか、死んでるように呼吸するのはむずかしいなあ、でも静かにそうっと呼吸するのはいい練習なのだ」とごまかしながらも、まだ風邪がよくなってないこちらとしては、今日の練習をどうクリアーするかという課題がある。

そこで思いついたのが、「笑わない練習」である。ちょうど桂文我《かつらぶんが》さんと桂米平《よねへい》さんの落語の本のゲラ刷りができてきたところだったので、そうだ、これをためしてみようと思いついた。

「いまから『犬の目』という落語の本を読む。これはおもしろい。おもしろいから落語なのだが、決して聞いていて笑ってはいけない」「どんなときにも心の変化を顔に出さない修業は達人になるためには必要だ」。ぼくは、ふだん、道場では絵本や本を読んだり、おもしろい本を紹介したりはしない。できるだけ本屋の仕事と拳法は切り離して考えていたかったのだ。

が、体力が弱っているときは例外である。道場のまん中にすわりこんで『犬の目』を読みはじめた。

大阪弁で書かれたセリフは読んでいて楽しく、聞いている子どもたちの口元がニヤリとしはじめている。だんだんクライマックスになってきた。みんな自分の目をぐりぐりいじりながら、犬の目と人間の目をとりかえる医者の話に聞き入っている。すでにほとんどの子どもが、笑ってはいけない修業であることを忘れている。

「あー、おもしろかった」「もっとないのー」その声にすかさず、実はもう一冊あるのだ、と文我さんの『さらやしき』を出してみせる。「やったー」「読んで読んで」と叫び続ける。

「しかし、笑わない修業であんなに笑ってしまうようじゃ、このゆうれいの出てくる話はコワくて、夜一人でトイレに行けなくなるぞ、それでもいいのか？」

「コワイ話大好き」「はやく読んでえ……」こうして、二回目の練習日は終わっていった。みんな道衣を着て、帯を結んで、身体を動かしもせず、汗もかかず、死んだまねと笑わない練習をしていたのだった……。

川をのぼる

○月○日

「どうして川で遊んじゃいけないの？」、店にいた子どもが突然聞いてきた。彼の開いている本は『サツキマスのいた川』。子どもたちが川に飛び込んでいる写真が載っている。

「おとながいっしょに行けばいいんじゃないの」というぼくのひとことで、次の休日に出かけることになった。名付けて、〈川のぼりハイキング〉。自分たちの住んでいる町から上流に向かってどんどん歩いていくのだ。目的地は川のはじまる山のてっぺん。

当日集まった子どもは十五人、焼きそば隊のお父さん三人。ぼくの好きな『泣けない魚たち』を押し売りした人たちだ。子どものころ素手で魚をつかんだ記憶がよみがえる感動的な一冊である。

店から川まで歩いて五分、住宅街の中の川はくさくて汚れていた。これがぼくが子どものころ泳いだ川だろうか、水はほとんどなく、泥に足を取られた。三十分ほど歩くと、少しずつ水の量が増えてきた。

「ぼくたち悪い子だよね」とだれかが言った。〈よい子は川で遊ばない〉という立て札があったのだ。護岸工事や砂防ダムのある川は歩きづらい。絵本に出てくる川とはずいぶんちがっている。それでも川は涼しい。昔、「暑いんだったら、川で遊んでこい」といった親の気持ちがわかる。川から眺める街は少し違って見えた。

その後、春と夏に三回、川のぼりは続いている。子どもたちの持ち物も、たも網、虫メガネ、バケツ、水中メガネ、図鑑、塩、マヨネーズ(食べられる植物がある)と、増えていく。みんな山のてっぺんにいくまでやめないという。

「どうして川はおもしろいのかなあ……」と聞くと、「だって川は流れてるもん」。答えたのは、最初に川で遊びたいといった彼だった。

川のぼりハイキング(1996年8月)

お父さんだって遊びたい

○月○日

長谷川集平の新しい絵本『あしたは月よう日』を読んで胸が熱くなった。日曜日、はなくそをほじりながらテレビを見るお父さん。そのお父さんの流す涙の中に何があるのだろう。西田俊也の『両手のなかの海』。ある日突然、女の格好をして帰ってくるお父さん。息子を笑わせようとしてバナナの皮ですべって転ぶお父さん。

家族の前ではどうもうまくいかないかっこ悪いお父さんだって、輝くときはある。

近ごろ店にお父さんが多いのがうれしい。お父さんが絵本を読んでにんまりしているようすがうれしい。子どもたちが本を選んでいるあいだに、なにげなく手に取った一冊にのめりこんでいるお父さんを見ているのがうれしい。

昨年の春から、お父さんたちとよく遊んでいる。山で川で、テントを張って、何の目的も持たず、たき火を囲んで、料理をし、ビールを飲んでとりとめもない話をして盛り上がっている。「あーええ気持ち、もう死んでもええわ」とは板前一筋の四十六歳のお父さん。ドラム缶ぶろにつかってビール片手に月を眺めている。その最高の笑顔の裏に、「最近、子どもが遊んでくれへんようになったなあ……」と嘆く顔もある。

お父さんだって、子どもと一緒に自然の中で遊びたいのだ。働き続けてきたお父さんたちが、たき火の前で笑う顔は本当にいい。

来月は奥さんや子どもたちを招待する。料理からふろ、ゲームや出し物まですべて手づくりで考えている。果たして忙しいお父さんたち、どこまでやれるか……。こう見えても子どものころは遊びの達人(自称)だった人ばかりなんだぞ。

あ〜、ゴクラクゴクラク！(著者近影!?)

分校の向こうに広がる空

○月○日
ヤママタヤマ小学校（ぼくが勝手にそう呼んでいる）の先生から手紙が届いた。ぜひ子どもたちに本の紹介を、という内容だった。

山また山の中の、全校生徒十四人の小さな分校だった。木造の校舎、その運動場のすみで、子どもたちと先生がひなたぼっこをしていた。山は空にすいこまれそうに広がっている。急に時間が止まってしまうような錯覚に陥る。

たっぷり二時間、ぼくは子どもたちと遊んだ。いろんな話をした。もちろん本の紹介もした。先生も、給食作りのおばさんも入って、みんなで笑った。

ここには、四年生までの子どもたちしかいない。五年生になると、歩いて一時間ほどの本校へ通うのである。

今年の四年生は四人。そのとき、先生と子どもたちは涙の別れをするそうである。家族の一員のようにみえるからかもしれない。といっても、どの子が四年生なのかよくわからない。みんなひとつの家族の一員のようにみえるからかもしれない。

ぼくは、小学生のころの自分がそこにいて、いっしょに遊んでいるような、そんなうれしい気分のまま、みんなと別れた。

ひとはみな
みえないポケットに
こどものころに　みた　空の　ひとひらを
ハンカチのように　おりたたんで
入れているんじゃなかろうか

工藤直子さんの詩集『こどものころにみた空は』の一節が頭をよぎる。そういえば、あのころの空もこんなふうだったなあ……と、帰り道で車を止めて、その学校のあった方角を眺めた。山のうしろが少しずつ赤くそまりはじめていた。本を読んでいる子どもたちのあの人なつっこいキラキラ光る目を思い出しながら、ぼくはひとりでにやにやしていた。

絵本からあくびがうつる

○月○日

いま店中であくびがはやっている。客がこなくて、ひまなわけではない。今度出た『あくび』という絵本のせいである。この絵本を読むとだれもがあくびをしてしまう。ページをめくるたびに、かば↓きりん↓ぞう↓さる、といった具合に、あくびがうつっていく展開なんだけど、絵が傑作である。不思議なことだが、特にこのお父さんの顔、あくびの出る前の顔と、口を画面いっぱいにあけて、「フワーッ」といってる場面、目から涙がちょっぴり出て、まわりにあくびの空気がぼわーんと広がっている。その色、線、構図、どれをとってもみんなあくびそのものなのである。

というわけで、いま、店にやってくる子どもたちにこの絵本を読んでやって、あくびが出るかどうか実験中なのだが、あまりうまくいかない。どうもこれは、声に出して読んでいる人にあくびが出やすいようである。「フワーッ」というところをみんなで読むと、絵本のあくびがうつっていくことを発見した。

とはいえ、自分でその絵本を見つけて勝手にあくびをしていたりする子もいる。すぐその気になる、いわゆるノリのいいタイプである。

子どもたちが帰ったあとの閉店前、本を片づけながら、あくびが出てしまった。そうか、きっと子どもたちもいまごろ家で、大きなあくびをしているのだ。

そう思うと、なんだか楽しくなってきた。

はやくもどしてよ！

○月○日
保育園の二、三歳児と遊ぶ。五味太郎の新しい絵本『とまとさんにきをつけて』を読む。想像以上に盛り上がり、見開きいっぱいの「ちゅっ！」の場面では、子どもたち全員が絵本のなかのトマトさんに「チュッ」をしにやってきた。そのページはもう子どもたちの唾液でベトベトになってしまった。

すっごくうれしかったので、翌日、近所の小学校の三年生のクラスで同じ絵本を紹介した。「みんな、いまから二歳になってちょうだい」とお願いして、これまた盛り上がったのだが、残念ながら誰もトマトさんに「チュッ」とはこなかった。やっぱり三年生だもんな、と思い別の絵本を紹介していたら、一人の女の子が突然立ち上がって、「はやく九歳にもどしてよ」と叫んだ。そうだった、二歳のままだったんだ、ごめんなさい。

十年たって読まれたエンデ

○月○日

店の前にドッドッドッと音がして、大きなバイクがやってきた。ブーツをはいた大きな男がサングラスをかけたまま店に入ってきた。「あのー、ミヒャエル・エンデの『モモ』って本ありますかぁー」

レジを打ちながら、「贈り物ですか」とたずねると、「いえ、ぼくのです」と答える。思わず、「どうして『モモ』なんですか」とつい、よけいなことを聞いてしまう。「おじさんが、ぼくが小学生のときに『はてしない物語』を買わせたんや」。買わせたとは人聞きの悪い……。

よくよく話を聞けば、彼が小学生のころ、ぼくがクラスにやってきてエンデの『はてしない物語』を紹介したそうである。それはそれは、おもしろおかしく話したもんだから、みんなその本が読みたくなって、親に頼んで買ってもらったそうである。

親のほうも、日ごろあまり本を読まない息子が、突然、分厚い本を読みたいなどと言うもんだから、喜んで買ってくれたというわけなのだが、いざ買ってみると、これがけっこう読みづらくて、読まずにそのまま、彼の部屋の本棚にずーっと置かれていた。

それから、十年たったある日、あんまりひまなので(ここがいいなあ)、ついうっかりその本を手に取って読みはじめると、これがおもしろい(子どものころ、ぼくに聞いた物語とは、ずいぶん違っていたらしいが)。一気に読み終えると、彼はエンデの他の本を読みたくなって、『モモ』を買いに来たというわけである。

一冊の本が、子どもの手に渡って、読んでもらうまでに十年かかったという事実に、ぼくはけっこう感動してしまった。

本は買うだけでいいのです。決してあわてて読まなくても……。

「立ち読みしてください」

○月○日

ウルフ・スタルクの新刊がでた。『おねえちゃんは天使』である。主人公のウルフ少年が自分が生まれる前に死んでしまったおねえちゃんと交流するという不思議な話である。女装して近所を歩きまわり、鏡に映った自分に向かっておねえちゃんと会話するところは、なんとも甘くてせつない。

スタルクはぼくの大好きな作家である。前作の『おじいちゃんの口笛』は感動のあまり、「この本はぜひ立ち読みしてください」という札を置いたほどだ。どちらの本も、死という重いテーマをセンチメンタルにならず、テンポよくやんちゃな子どもの語り口でさらりと描いている。

ぼく自身、子どもの本屋をはじめる決心をしたのは、一人の親友の突然の死からだった。「いつかやろう」と思っていた「いつか」は動き出さなければこないということを実感したからだ。開店後の苦しい時期を何度となく乗り越えられたのも、いつも彼がそばにいてぼくの背中を押してくれていたからである。

一人の人間が、その親しい人の死にささえられているということを、おじいちゃん子だったぼくは、子どものころからなんとなく感じていたのかもしれない。

十四歳のときに体験したおじいさんの死は忘れられない。悲しくてやりきれない、身の置き場のない葬式の最中に、ぼくはおしっこをしながら泣いていた。そんなに悲しい、生きる望みを失っているときですら、ぼくの体は、生きて動いていて、おしっこをしているという事実が不思議だった。自分の意思の届かないところで自分が生かされているという感覚があった。

ぼくはまた「立ち読みしてください」の札を、この新刊の上に置いた。

「このほんは、ぜひたちよみしてください」

どんぐり眼の同級生

○月○日

小学校時代の同級生が店にやってきた。なつかしいその顔に子どものころの面影を探す。そういえば、人なつっこいどんぐり眼が昔と同じだ。

「よく増田くんにいじめられた」と彼は言うのだが、ぼくにはあまりいじめたという記憶はない。五年生のときに遠くへ転校していった彼に手紙を書いたことは覚えている。すごく仲よしの友だちだったから、さみしかったのだろう。そんな彼といつ、どんなふうに友だちになったのか、ということはぜんぜん覚えていない。

ひょっとすると、友だちになりたくていじめていたのかも知れない。

『あのときすきになったよ』を読んだとき、心の奥がザワザワした。存在感というのだろうか、「しっこさん」と名前を付けられた「きくちまりか」の顔が強烈だ。泣いてる顔、笑ってる顔、困ってる顔、どの顔もページを開けるごとにこちらの心の中に迫って来る。

ひとりひとりの個性がその顔からにじみ出ていたぼくの子どものころのような、小学校の教室にタイムスリップしたような、記憶の引き出しがバアンと開けられてしまったような、ちょっとせつない気分になってしまい、思わず「まいったなあ……」となってしまっていた。飯野和好という絵描きは、こんなときにも、教室を木造に描く人だ。通学路は川っぷちなのだ。そういうことにこだわるからこそ、色も線もせつない。

こんな気分は、映画『青いパパイヤの香り』を観たとき以来だ。あのときも、こっちをじーっと見てたあの瞳にやられてしまった。おとなたちのしていることをただ、じっと見ている、そう、見ているだけで、言葉以上のものを発していた、そんな映画だったのだ。

どんぐり眼の同級生が、いたずらばっかりしているぼくをいましめるような目で見つめていたことを思い出しながら、ぼくは何度もこの絵本を眺めた。

絵本の中の空気

○月○日
ぼくは時々、古いアルバムを見るように絵本のページをめくる。そこには本屋をはじめてから出会った子どもたちの顔があり、まるで押し花のようにうれしい空気がすき間から見えるからだ。

子どもの本屋をはじめる前に買った何冊かの絵本を眺めてみる。やはりそこには、その絵本を買いたくなったときの空気が残っている。絵本の中の一本の木のうしろに、言いようのないなつかしさや安心感があり、ストーリーとは別な絵のすき間に、自分の発見した空間と色がある。

そんなわけでぼくはずっと、絵本は子どもだけのものではないと言い続けてきた。中学校にも高校にも、どの図書館にだって絵本が堂々と表紙を見せて並んでいてほしいと思っている。

「愉しい絵本を一度知ってしまうと、次はどんな絵本と出会えるかという、わくわくした気持ちが胸の奥にうずくまる。それが、絵本という、いま面白くなっている新しい『劇場』への期待である」。絵本にかかわって四十年になる作家の今江祥智さんは『はじまりはじまり――絵本劇場へどうぞ』の中で百冊の絵本を紹介しながらそう言っている。

同じころ出版された『100人が感動した100冊の絵本』の選者である小野明さんは絵本を読んだときの「この直接的な感情はなんなのだろうか」と言いながら絵本にかかわった二十年を振り返り、百冊の絵本を百人の文章で紹介している。

この二人は前書きの最後に同じような言葉をもってくる。この百冊は絵本の入り口です、どうぞ中へお入り下さい、と。

絵本選びでも最も信頼する二人の紹介した作品は、今ぼくの店にすべてそろっている。と言いたいのだが、品切れで手に入らないのが何冊もあるのが残念でならない。

トントンパットン

○月○日

荒井良二の『バスにのって』という絵本の中で、旅人が持っているラジオがいい。「トントンパットン　トンパットン」、このフレーズしか聞こえてこないラジオだ。地平線に砂けむりをあげて消えていくバス。見送る旅人。そしてラジオの音。

ひとりでコーヒーを飲みながら、好きな音楽を聞きながら、ページをめくる。ゴォーッという音とともにやってきて、いってしまうバス。このバスも魅力的だが、やはりこのラジオ、色も形も大きさもすてきだ。

ぼくは子どものころからラジオが好きで、今でも何台も古いラジオを持っている。ときどき、その古い時代の放送が聞こえてくる(といいなあ)。

荒井さんと二人で歌を歌ったことがある。荒井さんがギター、ぼくはウクレレ、場所は乗鞍のペンション。名付けて〝スースーとネルネルズ〟、それぞれ自作の曲を歌ったのだが、荒井さんの声は、ラジオから流れるボブ・ディランのようで、隣りでウクレレ弾きながらうっとり聴き入ってしまった。すると、ぼくの頭の中でもうひとつの音、「トントンパットン」が聞こえはじめる。

ああ、この人だからあの絵本なんだと思わず納得してしまう。そんな不思議な魅力が荒井さんにはある。その色と線、どこかしらあいまいに匂う異国の香り、そしてなによりもいつも聞こえる音、そう、トントンパットン　トンパットン……もうあなたの耳からも離れない。

心にしみる名セリフ

○月○日
「なみだは、しずかに　ながれていったよ」

うーん、いいセリフだなあ……。またしても長新太《ちょうしんた》さんのセリフに吸い込まれていく自分を感じる。新刊絵本『ノコギリザメのなみだ』の中で、うみのオバケにノコギリをとられたオジイサンのノコギリザメが流す涙が心にしみる。

といっても、とったノコギリのかわりにタコだのイソギンチャクだのを次々にひっつけていくオカシイ話なんだけど、いつもいつも長さんの絵本や童話には、このくりかえす名セリフがあって、読み終えたあともずーっと残ってしまう。

「ごろごろにゃーん」「にゅーっするするする」「でました」「ブキャッ」「つみつみニャー」思いつくままに書き出してもたくさんある(どのセリフがどの本に出てくるかは、調べてみてください)。

不思議である。いったいどうやったら、ページを開けたとたんに、ひとセリフ読んだとたんに、その世界にすとーんと入っていける言葉や絵をつくり出すことができるのだろう。

こういうひとを達人と呼ぶのだ。ぼくも毎日毎日、子どもたちにうけようと、あれこれ言葉をくり出してはいるのだけど、長さんのようにはいかない。

いつだったか、長さんと道を歩いているとき、ふっと振り返ると長さんが道路に寝転んでいるので、「どうしたんですか」って聞いたら、「いやね、この草さ、下から見るとどんなかなって思ってね」と、道ばたの草を眺めていたのだ。ほんと、まいったなあ。

その日以来、長さんの作品はすべて読んだり見たりひっくり返したりしてるんだけど……遠いなあ、達人への道は。

あんぽんたんのひいひいじいさん

○月○日

「あー、おもしろかった。いままでお父さんにすすめられた本で、いちばんおもしろかったよ」と中学生の息子。ルイス・サッカーの『穴』を読み終えたときのひとことである。あまりにも感動しているので、ぼくはちょっとくやしくなって、もう一度読み返してみた。するとどうだ。最初の印象とまた違い、二度おいしいことになってしまった。

主人公のスタンリーは、いつもついていない男の子。学校では「太っちょ」といじめられ、盗んでいないのに盗んだと言われ、「有罪」になり毎日穴掘りをやらされることになる。暗いストーリーのはじまりを予感させるのだが、それを「あんぽんたんのへっぽこりんの豚泥棒のひいひいじいさんのせいだぞう」と叫んで、ついてないのは先祖代々とすんなり受け入れていくオカシサがある。

この物語の中で、もうひとつの物語が語られる。それは、ひいひいじいさんの少年時代のせつない恋物語である。この物語が現実の物語と並行して進みはじめたころに、読者はどの道も同じゴールに向いているような予感がしはじめるのだ(あー、これから読む人がうらやましいなあ……)。

いつの時代も、少年は、自分がどこからきて、どこへ行くのか考えこむ時期がある。ぼくは自分の息子がそんな時期だと思いこんで、昔感動した吉野源三郎の『君たちはどう生きるか』をすすめたりしていた。

二度目に『穴』を読んでいるとき、ぼくは自分自身のひいじいさんを思い出した。小豆を積んだ荷車が土手から落っこちる夢を見て、これは逆夢《さか》だから、きっと小豆相場が上がると思いこみ、増田家を破産すれすれにしてしまったそうだ。ということは、このひいじいさん、息子からみると、ひいひいじいさんになるわけで、なあるほど、と勝手に納得してしまった。こんどゆっくり、このひいひいじいさんの話を息子にしてやろう。

小さな天使たちとサンタ

○月○日

子どもたちとうどん粉をこねてうどんを作っているとき、ひとりの子が「クマさん」と言って、ひとつのかたまりを動かした。すると、となりの子が「さかなぁ」と言った。となりの子は「お池」と言った。ぼくにはただ、うどん粉のかたまりがゴロゴロしているようにしか見えなかったが、確実に彼らの新しい世界ははじまっていた。固くなったぼくの脳ミソがほぐされていく瞬間だ。

子どもたちが夢中でなにかをつくっているのをそばで見ているのは気持ちがいい。それはまるで小さな天使たちが集まって、これからの世の中をどんなふうにつくりかえていこうか……、なんて相談しているように見えるからだ。

またまたウルフ・スタルクの新刊が出た。『青い馬と天使』だ。かみさまが友だちのために青い馬をつくってあげるのだが、雪でつくった馬に息をふきかけるシーンが最高にいい。またしてもぼくの脳ミソがほぐされていく。

今年もクリスマスがやってきた。たくさんのサンタさんが店にやってくる。小さな天使たちが、長い冬にたいくつしないように、いっぱい新しい特別な友だちができるように。天使たちのおかげで世の中がこんなに楽しく希望に満ちていることに感謝して。

幸運なことにぼくの娘は大きくなってもずっとサンタさんからの贈り物がとどく。これもサンタの代理の父親の手がらだと思っている。まあ、年に一度の気持ちなのだから……。

しかし、ある年のクリスマス。酔って帰ったぼくのふとんの上に一本のバラの花が置いてあった。「ことしはよい父親だったのでこれをあげよう。サンタ」

サンタの字は娘のそれと似ていた。

ハーイ、できました！

サンタの本選び

○月○日

クリスマスが近づくと、閉店後の店内もにぎやかになる。サンタクロースに頼まれたたくさんの絵本を包んで、イブの日に子どもたちに届くように準備しているからだ。

サンタさんのわずかなメモをたよりに、この子にはどんな本がいいかなあ……、と頭をひねってあれこれ考える。あれがいい、これがいいと店のスタッフでワイワイやっていると、いつの間にか夜中になっていることもある。

めったに店にこられない遠くの子どもたちにまで、サンタさんから本が届くこのシステムはとても人気があるだけに、期待を裏切るわけにはいかない。

『へびのしっぽ』は今年のぼくのお気に入りの一冊だ。

いつも頭にひきずられてなかなか自分の意志で立ち止まることができない悩めるしっぽの物語なのだが、このしっぽの出会う花や空き缶や犬のフンなど、いろんなものとのやりとりがおかしい。やっと友だちになれそうになると、頭がスルスルっと動き出してしまうのだ。

毎日出会ういろんな人たちと、もっとゆっくり話をしようと思いながらも、忙しいスケジュールにずるずるひっぱられているぼく自身のようで笑ってしまうのだが、ラストのところで「そうだ、そうだぞ」と大きくうなずいてしまう。

だれかのために本を選ぶというのは大変なことで、いつも責任を感じながらやっている。ぼくの独断と偏見で選んだこの一冊、子どもたちに気に入ってもらえるだろうか。その子にぴったりの贈り物ができる人だけがサンタクロースになることができるらしいのだが……。

クリスマス前の一週間、寝不足になりながら、いつか本物のサンタさんの仲間入りを夢見て、白くなりはじめたひげをなでている。

日高六郎さんからの言葉

○月○日

一月の末にようやく年賀状を整理した。絵本作家や童話作家からの美しい年賀状に混じって、子どもたちからのものも多い。夏のキャンプで出会った子が「またあそんでね」などと書いてくると、「よーし、今年もやるぞ」と元気が出てくる。

ぼくが本屋を開いたころの、日高六郎さんからの年賀状が思い出される。

そのころ、田舎のぼくの本屋にはなかなかお客さんがこなくて、いろんな作家の方に応援してもらっていた。『戦後思想を考える』に感激して、日高さんにも講演にきてもらったのだが、集まりが少なく、つい、「これが東京や京都だったらもっと人が集まるのに」とぐちを言ってしまったのだ。

翌年の正月、日高さんからの賀状には「おめでとう」の文字はなく、はがきの中央に、ただひとこと「地域に根ざせ」と書かれていた。ぼくは頭をガツンとやられた気がした。客が少ないのを立地条件のせいにして、都会だったらもっと繁盛すると思い込んでいたのだ。

それから何年も、ぼくは自分の机の前にその賀状をピンで留めて、眺めながら仕事をした。どんなふうにこの町に自分の店がとけ込んでいけばよいのかを深く考え続けた。経営が苦しくてイライラしているときも、この〝ひとこと〟はぼくをやる気にしてくれた。

日高さんの『私の平和論』のエピローグの中で、少年だった日高さんが、父にトルストイの民話を買ってもらった話が書かれていて感激した。この本の中で日高さんは、ぼくたちが忘れてはならない、平和のための小さな勇気のことを書いている。

あれから二十年。いま、机の前には、子どもたちの笑っている写真と彼らのくれた賀状が張ってある。

灰谷健次郎さんの子どものころ

○月○日

恒例のスキーに行く。仙台の子どもたちと合流して山形蔵王へ入る。年に一度の楽しみだ。子どもたちはこの日のために小遣いやお年玉をためていたのである。中学生の参加も多い。

今年はゲスト参加者もいる。作家の灰谷健次郎さんだ。

灰谷さんといえば海、沖縄、南の島、短パンにTシャツのイメージである。「樹氷が見たいなあ」ということだったので、スキーはしないだろうと思っていた。いざいっしょに山のてっぺんにきてみると、灰谷さんはスキーをはいていた。ほんとにスキーができるのだろうか、という不安が頭をよぎる。

果たして、その不安は吹き飛んだ。灰谷さんは「自己流だよ」といいながら、力みのないやわらかなすべりで急斜面をスイスイとすべり、子どもたちを驚かせた。

夜はゲームに寸劇、ぼくたちスタッフはアフタースキーに力が入る。

灰谷さんを囲んでお話を聞く時間もある。

「灰谷さんは子どものころから作文が得意だったんですか？」

灰谷さんは、子どものころに自分の作文をほめてくれた大好きな宗田先生の話をはじめた。

貧しくて、飢えて、トウモロコシを盗んでつかまったのも、その宗田先生だった。

この話は『わたしの出会った子どもたち』などに少し書かれていて読んではいたのだが、五十年後にその宗田先生と再会した細かいところは初めて聞いた。涙が出そうになって子どもたちのほうを見ると、小さな小学生たちが目に涙を浮かべて灰谷さんの話に聴き入っている。

雪深い山の中、楽しいスキーの後のしんとした夜、灰谷さんと子どもたちをつなぐ不思議な空気にぼくは酔いしれていた。

だだっこ

本を読む、人に会う

カヨコちゃんが借りた本

小学校の五、六年生に本の話をした。終わってから図書室に入れる本を選んでもらうのが目的だから、持ち時間は三十分。楽しい絵本を何冊か紹介した。といっても、写真だけの『はるにれ』とか雪の結晶の本、『くものかたち』といったほとんど字のない本だ。ぼくは一枚の絵や写真をただぼんやり眺めるのも読書であることを知ってほしかったのだ。

そうして『ともだちや』という絵本をしみじみ読んだ。「えー、ともだちやです。ともだちはいりませんか。さびしい　ひとは　いませんか。ともだち　いちじかん　ひゃくえん。ともだち　にじかん　にひゃくえん」。子どもたちの真剣な眼がせまってくる。この瞬間、ぼくはちょっと身体がぶるっとふるえる。この喜びは肌で感じる喜びだ。

調子よく話しているうちにぼくは、自分が六年生のころの小学校の図書室を思い出していた。うす暗い図書室で、あこがれていたカヨコちゃんの借りた本を一冊ずつ貸し出しカードから探し出し、その本を借りた。『小公女』『秘密の花園』『ハイジ』『少女パレアナ』……、ぼくは女の子の読む本を次から次へと読んでは涙を流していた。あばれん坊のいじめっ子がそんな本を読んでることは誰も知らない。ただ貸し出しカードのカヨコちゃんの下にはいつもぼくの名前が書いてあった。

名前が並ぶだけでうれしかった。いま思えば、ぼくの本好きはカヨコちゃんのおかげかも知れない。

ぼくは、子どもたちに本の話をするのを忘れ、カヨコちゃんのことばかり話していた。気がつけば時間はなくなり、子どもたちは、図書室に並べたたくさんの本の中から、自分の好きな一冊を選びはじめる。図書室は楽しい本屋に早変わりしたのだ。

「おじさんの話、おもしろかったよ」「またきてくれる？」と声をかけられ、ほっとひと息。子どもたちがいなくなった図書室で残った本を片づけていると、ふらっと入ってきた男の子が、ぼそっとつぶやいた。「あーあ、またもとの図書室になっちゃった」。

あれが梅ならお前は…

久しぶりに京都に来た。学生時代に四年間暮らした街だ。天龍寺《てんりゅうじ》にも寄ってみた。一年生のとき半年間ここの滋済院《じさいいん》という寺にいたからだ。いたというよりは修行していたと言ったほうがピッタリくるかな。朝、四時半に起きて、廊下のふき掃除、庭はき、それが終わるとお経だ。本堂から弁天堂まで四ヶ所、正座してお経をあげる。ぼく以外の三人の学生はすべてお寺の息子で将来お坊さんになる人たちである。

ぼくの家は浄土真宗だし、高校はカトリックだった。それでも般若心経を覚えないと朝めしが食べられない。般若心経をとなえる間に自分の食器にごはんや汁をもりつけるのだ。

この寺での生活は、また別の機会に書きたいエピソードが山ほどあるくらい、今思うと不思議な体験だった。とにかく母は自分の恩人にたのんで、不良息子の一人暮らしの不安からのがれたかったようである。

朝の食事が終わると、管長が茶室にぼくたちを呼んでおうす(抹茶)をごちそうしてくれることがあった。その時に、いつも何かしらためになるようなよい話をしてくれていたらしいのだが、何一つ憶えていない。何といっても十八歳だったたし、反抗期だったたから……。

そんな寺に、なぜひょっこり寄りたくなったのかというと、これが、不思議な話だが、まど・

みちおの詩集『ぞうさん』を開いて、「くまさん」という詩を読んでいたら、急に管長と話したときのことを思いだしたのである。

はるが　きて
めが　さめて
くまさん　ぼんやり　かんがえた
さいているのは　たんぽぽだが
ええと　ぼくは　だれだっけ
だれだっけ

もちろんこの詩にはまだ続きがあるのだが、ぼくはここまで読んで、「はっ」と思ったのだ。まだ寺に入って間もないころ、ぼくが一人でるすばんしてるときに、管長が帰ってきて茶室に呼ばれた。
ビートルズが好きで、髪の長い、変な十八歳のひねくれ男に、管長は茶室のにじり口のほうから庭を指さして「あれはなんだ」とぼくに聞いた。よく見るとそこには十センチほどの小さな梅の木に小さな白い花が付いていた。ぼくはちょっとふてくされて、「うめ」と答えた。「あれが梅ならお前はなんじゃ」、「人間」とぼそっと答える。

「人間の何じゃ」

「オス」

「お前は自分の顔見たことあるのか」

「はい、鏡で」

「それは左右逆じゃろ」

「もう一枚鏡持ってくれば見えます」

「それは生の顔ではないのぉ」

「目玉くりぬいてその眼で見れば？」

「それは目玉のない顔しか見えん」

おそらくこんなバカな問答をくり返したように記憶してるんだけど、その後で管長はこんなことを言った。

「お前は本をよく読むそうだが、本の中に自分が見えるかな」

「見えませーん」

そのころ、ぼくはアガサ・クリスティばかり読んでいたので、そんな推理小説の中に自分が出てきたら大変であるというふうなことを言うと、管長は大笑いして、「それじゃあ、なんぼ読んでもだめじゃの」と言った。

このとおりの会話だったかどうかさだかではないが、なんと言っても三十年前のこと、それも記憶の奥深くしまい込まれて忘れていたのに、「さいているのは　たんぽぽだが　ええと　ぼくは　だれだっけ」のひとことが、管長とのひとつのやりとりを思い出させてくれたのは事実である。

子どもの本をたくさん読むようになって、こんなふうに自分の昔の風景がサァーと頭の中に広がることが多くなった。ひとつの言葉で、ぼくの中のどこかのスイッチが入ると、まったく忘れてしまっていることですら、ぱあっと思い出すことができるのだ。

今ごろになって、「本の中に自分が見えるかな」の意味はそういうことだったのかな、と思うようになってしまった。これでは管長の思うつぼではないか。

明恵《みょうえ》上人への旅

大阪のデザイナー学院に行った。校長の田村さんに招かれて、学生たちに『絵本作家になる方法』というタイトルで話した。年に一度の講演だけど、もう十八年も続いている。アロハシャツを着た田村さんが玄関で迎えてくれる。もちろんぼくもアロハである。なぜか二人はアロハで張り合っている。

かなり自信をなくしかけている、ほとんど二十歳前後の若者たちに、ぼくは夢の話をした。子どものころから絵を描くのが好きでこの道を選んだ彼らに、十年やそこらで、夢や希望を失ってほしくなかった。自分の感性を信じること、表現することは生きること、というメッセージを込めて話した。ついでに夜眠っているときに見る夢の話もした。

ぼくは、幸田露伴の『五重塔』を引っぱり出した。十兵衛という大工が夢の中で、恐ろしい人に「お前が五重塔を建てろ」と言われ、その気になる話だ。夢のお告げの話のようだが、実際、夢によって生きる方向を見つけた人は多い。ぼくは、起きてるときに想う夢と眠ってるときの夢、どちらもしっかりととらえて、たくさんの情報や意見にまどわされないで、自分を信じて絵本を描き続けてほしいというようなことを話した。

実際、ぼくは十四年前に『明恵《みょうえ》　夢を生きる』という河合隼雄《はやお》の本を読んでから、夢を生き、い、るということに感動して、ずっと夢日記を付けている。といっても毎日の夢をこまかに記録しているわけではなく、書いておきたいような夢を見たときだけ書いていたのだが……。そのころ、ぼくは河合隼雄にかぶれていて、本を何度も何度も読んでいたし、特に夢については子どものころから興味があったのでこの明恵さんにはまってしまい、和歌山県の博物館で明恵展があったときも大工の友だちと二人ではるばる出かけたぐらいだ。

その博物館でみた明恵の数々の物や「夢記《ゆめのき》」はすべて本物で（あたりまえか）、すごく感激したのを憶えているのだが、不思議なことがあった。ガラスケースの中の明恵の「夢記」を一生懸命読んでいたのだけど、読めないところが多く、どういうわけか立ちながらぼくは居眠りをしてしまい、ガラスケースに「ガーン」と大きな音をたてて頭をぶつけてしまったのだ。係員の人が驚いたので、ぼくはすみっこの長いすで少し眠ることにしたのだが、しばらくして誰かが背中をトントンとたたくので、その大工の友だちかと思って振り返ると誰もいない。あちこち見回しても係員もいないので気味悪くなってとなりの部屋へ急いで行くと、その友人は展示物を眺めており、その部屋の係員はきちんとすわっていた。いったい誰がぼくの背中をたたいたのだろう。「きっと明恵さんや」と大工の友人は言った。

そのあとでせっかく和歌山まできたのだから、明恵のいた施無畏寺《せむいじ》へ行こう、ということになり、二人は地図を見ながら施無畏寺に向かった。少しずつ日暮れがせまっているので、あわてながら近くを歩いていたおばあさんに「あのー、すいません、明恵さんのいたお寺はこの近くですか？」とたずねると、「明恵上人様ですか？」と聞き返された。ぼくは、胸がドキッとした。何げなく、友人のように明恵さんと呼んでいたけど、この町の人たちの中に、今も明恵上人は生きているんだ。なんだかとてもはずかしい思いをした。

海の見える小さなお寺に着いたときは、すでにあたりは暗くなっていたのだが、ぼくたちは、あの「樹上座禅像」で有名な明恵上人が座禅を組んだ山に入りたくなって、どんどん暗い山道を進んでいった。それはそれは、コワくてつらい山道だった。とうとうその場所らしきところに着いたとき、木と木のすき間から海がかすかに見えた。これはきっと釈迦のいるインドの方角だとぼくは思った。

気がつけば、山の中はまっ暗になっていて、ぼくたち二人はあわてて山をおりたのだが、この不思議な和歌山への旅は、ぼくの明恵上人のイメージと重なって、まるで夢のような現実のできごとだった。子どもの本に興味のあるぼくにとって、海の向こうの島に手紙を書いたり、小さな石ころを大切に持っていたりする明恵上人には、まだまだ魅力がかくされているようで、もっともっと知りたいと思っている。

永瀬清子と母

敬愛していた永瀬清子という詩人が亡くなった。永瀬清子の詩をすすめてくれた干刈《ひかり》あがたさんも、もうこの世にいない。

ぼくは永瀬清子という名の入った本なら何でも買っていた。特に〝短章集〟は何度も読んだし、現代詩文庫の詩集はいつもカバンの中に入っていた。直球で向かってくる永瀬さんの言葉はかわすことのできない大きな球だ。それも一人の日本の女性の生活者としての力強さで、子どものころから母に甘え続けていたぼくのやわな魂に直接ぶつかってくる。

とても不思議なことだが、永瀬清子を読みはじめたころ、市の女性課の懇話会のメンバーとして、月に一度、女性たちとの会議に出席していた。二時間の会議のあいだずっと集中して、女性の立場でいろんなものを見たり考えたりした。

そうしてるうちに、自分の母のことやぼくの奥さんや娘、本屋で共に働く女性たちの日々の生活にあれこれ思いを巡らせていた。いつの間にか十三人になったメリーゴーランドのスタッフの七人は女性だし、ぼくの奥さんも入れて主婦は三名だ。みんな雨が降ると急いで洗濯物をとり込みに行ける距離に住んでいる。

店長のまりちゃんは、家出娘だったころから数えると十八年、子どもの本屋にいるベテランだ。長女が生まれる直前まで本を並べていた。陣痛がはじまったので、あわてたぼくが車で産院へ送っていったことを思い出す。

子どもを保育園にあずけながら、本を読み、売るということを続けてきたまりちゃんのパワーには、仕事と育児の両方をサポートした夫の存在が大きい。

女性課の会議を終えるたびに、ぼくは永瀬清子の詩を読んだ。読めば読むほど、明治、大正、昭和、平成と時代を生きてきた永瀬清子と自分の母親が重なる。とはいっても決して永瀬清子の詩を理解したわけではない。わからないなりに、何か自分の中にある、農家と母の記憶がぐいぐい前に出てくる。

四人の子を産み育てながら働き、いつも誰かのために何かをしていた母の言葉にならない言葉を、ぼくは永瀬清子の詩の中に見つけたのだ。

雨の朝

雨の朝、犬と散歩に行く。犬が歩くその後を付いていく感じだ。たくさんの高校生がカッパを着て、自転車をこいでゆく。雨の音と自転車の水をはねる音、川の流れる音がまじって、雨の朝のいい空気がただよっている。

高校生たちの自転車通学はつらいだろうなと思う。体力的にはどうってことないだろうけど、せっかく大通りをよけて、わき道やせまい田んぼの中の道を走っているのに、通勤の車がラッシュをのがれて、その高校生たちの通学路に侵入してくるからだ。

それでなくても雨で走りづらいのに、クラクションを鳴らして走る車を眺めてるだけで、朝の散歩のゆったりした気分がふき飛んでしまう。と、その瞬間、車をよけた一人の高校生が田植えしたばかりの田んぼに自転車ごとはまってしまった。

気づいていたのか気づかなかったのか、車はそのまま走りさってしまった。「ばかやろう」と叫びたい気持ちの眼で車が行ってしまった方向をにらみつけながら、高校生は泥んこのズボンのまま自転車をこいで行ってしまった。

川の反対側の土手からそれを眺めていたぼくの中に、どうしようもない、誰に向けることもできない怒りがふくれ上がっていた。それでも散歩しながら、あれこれ考えていると、「こんな町でごめんね」と言わなければならないのはぼく自身じゃないのか、という気分になってきた。

　自転車が安心して走れない、そんな町にしてしまったのは、ぼくたちおとなの責任だ。道路工事をした人でもなく、都市計画をした人でもなく、その町にずっと暮らしてきたぼくたちおとなの責任なのだ。

　ぼくは、ミュンヘンの自転車専用の道路や、自転車のまま地下鉄やバスに乗っている人たちを思い出していた。その中にはずいぶんと老人たちがいた。体力のなくなった老人でも安心して自転車で移動できる町がそこにはあった。

　泥んこのズボンの高校生の通う高校から「本の話を」という依頼があったのはそれから二日後だった。

サッカー部に本の話

高校のサッカー部に「本の話」をした。どうしてぼくなのか、聞けば「やる気」や「チームワーク」がなくなってきているらしいのだ。しかし、ぼくはサッカーのことはよくわからないし、その高校生たちとは初対面なのだ。ただ、依頼主が古い友人で、「お前の力が必要なんや」と言われると、ぼくはつい引き受けてしまうのである。練習でくたくたになったサッカー部員たちにぼくは夜の教室で、チャンバラの話をした。『双眼《そうがん》』という柳生十兵衛の親子がモデルの小説だ。

どうして十兵衛の片眼がつぶれたのか、片眼なのにどうして剣の達人になったのか、いや達人とはそもそもなんなのか、そんな話をした。ぼくはなんだか夜間高校の先生になった気分で、黒板に字なんか書きながら、見える眼で相手を見、見えないもう一つの眼で自分自身を観た……とかなんとか、自分が日ごろ感じてること、戦うとは何なのか、勝つためだけの矛盾だらけのスポーツについて、ぼく自身が三十年続けてきた少林寺拳法の修業のこと、さらに、鍛えた身体や心を社会の中でどんなふうに生かしていくのか、そんなことをおもしろおかしく話したつもりなのだが、どうも結果は、そのおもしろおかしくのところが残ったらしく、だれ一人眠るものもなく、めでたく拍手で終わった。

まっ黒に日焼けした、眼がギラギラした高校生たちに喜んでもらって、ぼくは大満足だったのだが、驚いたのは、彼らには、柳生十兵衛はおろか、ぼくがあたりまえと思っていた武芸者の名前はほとんど知られていなかった。ただ、『バガボンド』という人気漫画のおかげで宮本武蔵は知っていたので「そのうちその中に柳生も出てくるよ」と言っておいた。

「『双眼』は〝くノ一返し〟というのがあってかなりエッチだけど、君たちにはかなりむずかしいので読まなくていいからね」そう言ったのに、翌日たくさんの高校生たちが自転車にのって『双眼』を買いにきた。「くノ一」が何なのかは知らないけどそこのところが読みたかったのだろう。

どちらにせよ、急にたくさんの高校生の友人ができたようでうれしかった。

そして、この高校の図書係の先生から全校生徒に話してください、との依頼があったのはそれから一ケ月後だった。

一、三〇〇人の高校生に…

サッカー部の人たちの評判を聞いて図書係の先生がやってきた。「生徒たちからのリクエストなんです」、この一言で「はい」と答えてしまった。恐ろしいのは、全校生徒一、三〇〇人に体育館で話すという状況である。

聞けば、この高校では〈朝の十分間読書〉というのをはじめていて、かなりの学生たちが本に興味をもちはじめ、さらに、学校の図書館に入れる本のことも相談したいとのことであった。〈本を買ってもらえる〉この可能性を追求するのが本屋の主な仕事なので、ぼくの眼は輝き、がぜんやる気が出てくる。

ぼくは本屋なので、という理由で、体育館のうしろで紹介した本を販売した。近ごろ、いろんなところで話をすることがあるが、市や県の施設、学校や図書館でもけっこう本を売らせてもらえるようになってうれしい。「公の施設での商行為は禁止です」とか「公の場で金銭の授受は前例がないので」とことわられることが多かったからだ。二十年以上も「売らせて」を言い続けていると、「少しなら」とか「責任は取りませんよ」ということで売ってもいいことになってくるものなのだ。

それに、えらそうな言い方かも知れないけど、ぼくの話を聞くと、どうしてもすぐにその本が欲しくなるらしい。「読まなくてもいいから買ってください」と冗談を言いながら、それでもきっちり〈おいしい本〉の話をする。

いつもの五十人や百人ならこれで通用するのだが、何せ、一、三〇〇人の高校生となるとかなりきつい。

さっそくぼくは、拳法の道場の高校生たちに、今どんなことに興味があるのか、どんな本、どんなマンガを読んでいるのかを、あれこれたずねた。すると彼らは、「固い話やまじめな話はあかんよ」とアドバイスしてくれた。おまけに、「うちの学校にもきてよ」と、うれしいおさそいまであった。

ぼくは、娘の桃子が三年間お世話になった高校にお礼の気持ちも込めて話した。彼女は三年間、ほんとうに楽しかったと言っていたし、高校で出会った彼女の友だちがどれくらいおもしろかったかを話しながら、少しずつ、本を読むことに向かっていこうとするのだが、彼らの表情を見ていると、ついつい、この町のこと、自分の高校時代のことに話がそれてしまい、なかなか目的の本の話にたどり着かない。依頼してきた図書係の先生に申し訳ないなあ……と、その先生を探しても生徒の中にまじっているので居場所がわからない。

両サイドに先生が立っていて、話したり眠ったりする生徒を注意する、ということがよくあるが、ぼくは話していて、それがすごく気になってしまう。それで、先生方に生徒の中にまじっていっしょに聞いていただくようにお願いしているのだ。

それにしても、制服を着た高校生が体育館にあふれている風景はすごい。眠っている人、絵を描いている人、こっそりメールを送っている人とさまざまで、よく注意してみればかなりざわざわしていた。けれど、ぼくはそんなこと気にせずにどんどん調子を上げていった。いわゆる「のってきた」状態だった。絵本を読み、なぞなぞをやり、盛り上がって楽しんで、「本なんて読まなくていいよ」を連発し、それでもぼくは本が好きだと話を終えた。

うしろの即売の本をいちばんに買ってくれたのは先生たちだった。絵本『ふくろうくん』を買ってくれた男子生徒はサッカー部員だった。決して、たくさん売れたとは言えないが、即売コーナーがずいぶんにぎやかになったのはうれしかった。

校長室でお茶をいただきながら、「なんだかざわざわしていましたね」とぼくが言うと、「いいえ、今日がいちばん静かでしたよ」と校長先生。いったいいつもはどんなにさわがしいのだろうかと驚いてしまった。

学校を出るとき、何人かの生徒が手をふってくれた。なんだか、「またくるからな」という気分になった。

中学生に詩を読む

となりの町の中学校で全校生徒に講演することになった。知り合いの先生から「何を喋ってもいいから」と依頼があり、おもしろそうなので引き受けた。いろいろ打ち合わせして、できあがったポスターを見て驚いた。「さわやかな心育む講演会」の下に日時と場所などが印刷されているのだが、演題は「新年早々冗談きついなあ」になっている。坊主頭のぼくが、浴衣を着て、首にはタオルを巻き、煙草をくわえている写真がまん中にあるのだ。それもすごくコワーイ顔に見える。

演題を言ったのも、写真を送ったのもぼくだけど、ちょっとした冗談のつもりだったのだ。それがすんなり通ってしまっていた。講師紹介がまたすごい。「一九五〇年生まれ。今では想像もつかないが、いつも川には魚が悠々と泳いでいた自然いっぱいの四日市生まれの四日市育ち。小学校のころ二度も便所にはまり、出世はできぬと悟る。中学校のころ、テレビドラマの主役にあこがれ、柔道部に入部するがとんでもなくしごかれる。高校生のころは学校をさぼって映画ばかり観ていた」

このポスターを作った先生は、打ち合わせのときにぼくがあれこれ喋ったことを全部覚えていたのだ。思わず笑ってしまったが、まあ、たまにはこういうのもありなんだろうと、覚悟を決めた。なんといっても、このコワーイ顔のポスターが正月の中学校のあちこちに貼られているオカシサは最高だ。

さて、いよいよ講演会当日、学校へ入っていくと、生徒たちが「こんにちは」と声をかけてくる。みんなぼくのことをよく知っているような感じだ。後で聞けば、ぼくがテレビに出たときのビデオを流したり、校長先生が話したりで、生徒たちのぼくに関する予習はすでにできていたそうである。

なるほど、それであの集中力か、今思えば、彼らのあの聞きたい顔は、ぼくが体育館に入ったときからできていたのだ。それでもぼくは話がよく聞こえるように扇状にみんなにぎゅーっとつめてもらった。

かんたんな自己紹介ののち、どんなふうに二度、便所にはまったのかをくわしく話した。大爆笑だった。あとはもう笑い声ばかりの楽しい講演になった。

「どろぼうしたことあるひと？」という質問にまっ先に手を挙げたのは校長先生だった。

後半にようやく本の話を少しした。大切な中学生時代を受験勉強でつぶしてしまわないよう、たっぷり遊んで、体力つけて、その日そのときの出会いをしっかり覚えておいてね……のような話をして、ぼくは親友が交通事故で死んだときの話をした。「いつかやろう」が「いま」であることも話した。

岡真史の『ぼくは12歳』の詩集から「みちでバッタリ」を読んだ。

みちでバッタリ
出会ったヨ
なにげなく
出会ったヨ
そして両方とも
知らんかおで
とおりすぎたヨ
でもぼくにとって
これは世の中が
ひっくりかえる
ことだヨ
あれから
なんべんも
この道を歩いたヨ

でももう一ども
会わなかったよ

講演会は盛り上がった。終わったあと、校長室へ四、五人の生徒がやってきて、「最後に読んだ詩集はどんなのですか？」とたずねてきた。ぼくはうれしくなって持っていった詩集を彼らにあげてしまった。

「いい子たちでしょ」と眼を細めた校長先生の顔が忘れられない。

その後、送られてきた全校生徒の感想文のようなものを読んで、ぼくはまたまた感動してしまった。その中でもいちばんうれしかったのは、紙いっぱいに大きな文字で「おもしろかった。それだけでいいのだ」と書いてあるやつだ。

時代小説もいいゾ

近ごろ中学生に時代小説が人気だ。『藩校早春賦《はんこうそうしゅんふ》』である。といっても、これは先日、近くの中学校でぼくが紹介したからで、決して全国的なことではない。

「時代小説の言葉は君たちには読みづらいだろうし、むずかしい本を無理して読むのはからだに悪いから読まないほうがいいです」

さんざんおもしろそうに話した後でこう言われれば、意地でも読んでやる、と思うのか、次の日、店に中学生たちがやってきた。店内に中学生がたくさんいる風景は、けっこううれしい。

どうもぼくは本の紹介をするのがうまいらしい。すっかりだまされてその本を買うのだが、実際に読んでみると、話で聞いたほどおもしろくなく、しかも、わりと読みづらくて時間がかかるらしく、本棚に置かれたままになっていることが多いそうだ。

それでも、それがきっかけで本の中毒になる人もわずかにいる。

年末に外国のファンタジーや魔法ものをたくさん読んでいたので、正月からはずっとチャンバラものを読んでいた。その直後に出会った中学生たちは不幸というのか幸運というのか、ま、これも出会いと思ってあきらめてもらうしかない。

腰に刀を差してちょんまげを結っていた「中学生」のことを、自分のひいひいじいさんのそのまたじいさんの時代の話を、刀を抜いたら殺すか殺されるかの緊張感を、そのころの親と子を……、いろんなことを感じてほしかった。

受験を控え、毎日のように「大変だね」「がんばれよ」と声をかけられてうんざりしている三年生たちに、この本のラストのあたたかい早春の空気にひたって、しばし受験を忘れてほしいと思った。まさに人生の早春のみなさんに……。

II　メリー・メリーゴーランド

町へ飛び出せ！

絵本塾のこと

学校の先生になるとは思ってもいなかった。デザイナーをやっている友人が専門学校の講師をしていることは知っていた。その彼が、その学校に〈絵本科〉なるものをつくった。それで時々お手伝いに行ってるうちに、〈文章表現〉という時間をヒトコマ持つことになった。時給いくらのパートタイマーなのだが学生たちと話すのがすごく新鮮で楽しく感じられたので引き受けることにした。週に一度話すために、あれこれ計画をねった。どんな絵本を、どんな詩を、どんな作家を学生たちに紹介しようか、夜遅くまで本屋の中をウロウロしながら考えた。

なにごとも計画通りには行かないものだ。学生たちは皆がみな絵本作家になりたいわけではなく、ただなんとなく、絵本という言葉にひかれてやってきたのとか、イラストやアニメより単位が取りやすそうなのでやってきた人たちもいるのだった。ぼくは汗をかき唾を飛ばしながら、どんなに絵本はすごいのか、いま絵本はどんなに生徒が思っているものより進化しているかを話した。すごくおもしろい話だった、と自分では思っていたのだが、な、なんと、こんな刺激的な授業なのに眠っている奴がいた。はじめのうちは、ま、そういうのも一人や二人はいるわな、などと軽く考えていたのだが、これが気になると、調子が出ない、少しずつトーンが落ちて、ぼくの元気がなくなりはじめるのが自分でもわかるのだ。とにかく興味のない人たちに話すのはたいへんなことである。気をとりなおして、いつも一番前で真剣に聞いている二、三人のために、また話しはじめた。

専門学校では絵本を選択しても、毎日、絵本のことをやるわけではなく、デザインワークやデッサンやいろんなことがあり、それぞれの先生ごとに宿題や課題があって、けっこうたいへんなので、ぼくの授業では宿題は出さないことにした。講義を聞いてくれるだけで、二、三のぼくの質問に答えてくれるだけで、ぼくはけっこう幸せだったし、彼らの書く文章はどれも新鮮でおもしろかったのだ。

二、三年すぎて、卒業生を送り出したりしていると、ぼくはどんどん学生たちのことを知りたくなってきた。聞けば寮やアパートに住んでいる人も多くて、エアコンのスイッチを入れるのが部屋に入って最初にすることらしい。すべての学生がそうではないにしても、観葉植物が三日で枯れてしまいそうな部屋に暮らしている。しかも炊飯器もない。ゴハンはコンビニでチンしてもらうのだそうだ。洗濯機のない学生もいて、週に一度、母に宅急便で洗濯物を送ると、ちゃんと洗濯されたものが送り返されるそうである。驚いて、その母に「洗濯くらい自分でやらせたら？」と意見したら、「だって先生、宅急便って安いんですよ」ときた。なんだか力が抜けてしまった。

これではいけない。学生には知識や技術ではなく生活力が必要だ、とぼくは一人ではりきって、彼らを夏休みにキャンプに連れ出した。

美しい緑、川、鳥の鳴き声、そんな中で、自分の中の野性に目覚めてほしかったのだ。ところが、これは大失敗、テントかついで山に登る途中でみんなバテてしまう。田舎育ちで山や川で走り回っていたぼくとはちがって、彼らは、すぐにのどがかわき、足が痛くなる。幸い体育会系のタフな学生が二人いたので、彼らに重い荷物を持たせ、なんとか目的地にたどり着いた。

さっそく手分けしてテント張り、食事の準備にとりかかった。暗くなる前にやっておくことはたくさんある。

「おーい、このはんごうに水を入れてきてくれ」「えっ、この川の水で、ごはん炊くのですか？」「あたりまえだ、水道の水はどこからきてるか知ってるのか？」「きゃあっ、冷たい」……万事この調子でなかなか進まない。とにかく川の水に手を入れたのが、生まれて初めてなのだから……。

いじわるなぼくは、山へたき木を探しに行った学生の近くに石をポイッと投げる。「ガサガサ」

「キャー、何か動いたあ！」叫びながら逃げている。「先生この山何かいるんですか？」「そりゃあ、山だからな、くまもぞうもキリンもいるわな」……なんだかおかしくって、ぼくはどんどんいじわるの気分になっていった。

夜、テントの中で泣き出す学生がいた。夕暮れどきから元気がなかったのだが、山の中はまっ暗というのがいけないらしい。ちょっと驚かしすぎたせいかなと反省しつつも、これもいい経験だと、ぼくは自分で納得することにした。

つぎの朝早く、みんなを起こして、日が昇るのを見た。感動していた。ぼくも感動した。やはり、山から見る日の出は文句なしに美しい。

感動してる学生を横で見て、ああ、連れてきてよかったな、と少しほっとした。

この後、毎年夏には合宿をすることになったのだが、絵本作家の長谷川集平に講師として参加してもらったりして、少しずつ絵本を作る人のための合宿になっていった。

そのうち大阪校とぼくのいる名古屋校で合同の合宿をやることになった。そのころ、大阪校に田村勝彦という自分でも絵本を描いている変な(この場合の変なはぼくたちと同じだという気持ちのこもった変ななのである)先生がいて、一緒にやろうということになった。場所は乗鞍のペンション、ゲストは絵本作家の田島征三とミュージシャンの小室等だ。夜おそくまで、学生たちの作品を講評してもらったり、小室さんのライブを聞いたり、思い出に残る内容の濃い合宿になった。

その後もこの合宿は続き、この十年の間にたくさんの絵本作家の方々やミュージシャンの方々にきていただいた。何よりもうれしかったのは、この山の中のペンションに、毎年少しずつ、音響の設備が増えていってることだ。

ここ二、三年はミュージシャンにまじって飯野和好や荒井良二らがいっしょにライブに参加して、学生たちと盛り上がり、楽しい夏の合宿の参加者はいつも満員御礼状態であった。

この合宿に常連としてきてもらっているのはフリーの編集者の松田素子である。松田さんは、数多くの絵本の編集を手がけているベテランで、プロの眼から見たきびしい批評が生徒たちに好評だったのだ。

夜おそくまで、学生たちとの輪の中で、一人一人絵本を手にとって話す。朝まで続くこともよくある。松田さんのきびしいひとことひとことは、プロの絵本作家を目指す人たちの中に入っていく。それを見ながら、その熱い若者たちの集団に、可能性を感じずにはいられない。これが合宿のすごいところである。やってよかったという思いと、作家の方々や松田さんへの感謝の気持ちがこみあげる。

結局、この合宿は今も続いており、ぼくも毎年、ゲストで参加させてもらっているのだが、ぼくは十三年いたこの学校を五年前にやめた。それでも本気で作家を目指す人たちに卒業してからも創作を続けてほしいので、ぼくは、松田さんと〝あとさき塾〟（東京の絵本講座）の小野明を誘って、メリーゴーランドで〈絵本塾〉をはじめることにしたのである。

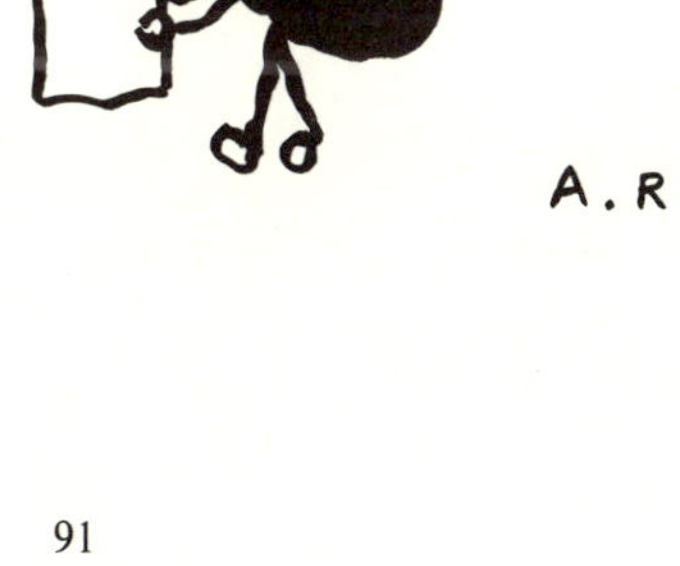

お祭り男がやってきた

「増田さん、いつ店に行ってもいないですね」と言われることが多くなった。週一回の学校の先生以外にあちこち話に行くことが多くなったせいだろうけど、そのほかにも、いろんな企画をすることになったからだ。

一九八八年ごろだったろうか、毎週金曜日の夜の読書会に元気な若い男がやってきた。やたら声の大きい、なんだか場ちがいな空気をもつその男は「企画集団まつり」という名刺を差し出した。「ふーん」おかしな男がおるんやな、そのときはそれくらいしか考えなかったのだが、縁あって、彼・森仁太郎が、メリーゴーランドのスタッフになった。その日から、子どもの本屋は、店をとび出して、あちこちで、〈お祭り〉をすることになった。

その第一歩が、当時、結成して二年目のバンド〈トラや帽子店〉のコンサートであった。市の文化会館のホールをほとんど満員にしたのだから、仁太郎の実力はすごい。ただ声が大きいだけではなかったのだ。この年一九九〇年に、森仁太郎はメリーゴーランドに企画部なるものをつくった。

〈トラや帽子店〉は、三人の作り出すすばらしいステージで、次々とヒット曲を生み出していたし、あちこちの子どもの集まる場所のテーマソングになったりして、少しずつ子どもに関わるおとなたちのファンも広がっていたのだが、まだまだ、三重県の四日市市では知られていなかった。結局彼らのステージに感動し、打ち上げの場ですっかり仲よしになってしまった仁太郎は、翌年から、〈トラや帽子店〉の三重県縦断七ケ所コンサートを企画し、みごと七〇〇〇人あまりのトラやのファンを三重県につくってしまった。

　おとなと子どもが一緒になって、こんなに楽しめるバンドは、かって存在しなかった。リーダーの中川ひろたか、座長の福尾野歩《のぼ》、キャプテンの増田裕子、三人の個性はそれぞれに光り輝き、何をやってもおもしろい。子どもたちは興奮して舞台にかけ上がり、お父さんも喜んで踊っている。主催者として、こんな楽しいことはない。わずか五年の間に十数回のトラやのコンサートを企画して、ぼくはしかけることの喜びを仁太郎から教わった。それはまさに、「こんな楽しい世界があるよ」とすてきな一冊の本を紹介して喜んでもらったときの喜びが、まとめてやってきたような気分だった。

　このときコンサートを主催する地元のお母さんたちにまじってあれこれ走りまわっていたのが、デザイナー学院のぼくの生徒たちだった。彼らは場内整理やら、即売やら、いろいろ手伝ってくれた。そうこうしているうちに、絵本づくりとは別に、子どもたちと遊びたいという欲求が彼らの中に生まれてくるらしく、子どもキャンプにも参加する学生が増えてきた。

ぼくは、授業で映画の話をすることが多かった。それほど、映画と絵本は通じ合うものがあると感じていたからだ。どうしても観せたい映画があるときは、授業中に学生たちと映画館に行った。

そういえば、休館なのを知らずに、十五人の学生を連れて、シネマテークという小さな映画館へ行ったとき、せっかくだからと、ぼくたちだけのためにフィルムを回してくれたのはうれしかった。

ニューシネマパラダイスツアー

三重県の伊勢に〈伊勢レック〉というこれまた親子代々続いている小さな映画館があった。なかなか客が入らないだろうけどぼくの好きな映画をよくやっていたので、ぼくは一時間半ほどかけて、よく通った。『ベルリン天使の詩』や『ニューシネマパラダイス』は、この映画館で観てよかったと思っている。もともとぼくは、〈天使〉とか〈パラダイス〉という言葉に弱く、そういうタイトルを見るとつい映画館に入ってしまう。『ニューシネマパラダイス』のときは、ロビーで全国の小さな映画館の写真展をやっていた。それぞれ個性的で、一度は入ってみたくなるような映画館だったが、そのなかの何軒かは、もう閉館しているとのことだった。

小さな映画館の大変さはそこの館主の水野さんからよく聞いていたし、何といっても『ニューシネマパラダイス』という映画は、映画館が主役の映画である。ぼくは、いつかこの映画館を満員にできたらいいなあ……と思った。

この思いに飛びついたのが仁太郎である。名付けて〝勝手にレックツアー〟。ある日のある夜、三重県のあちこちから、一本の映画を観るために人が集まってくる、気がつけば映画館は満員、当然観る映画は『ニューシネマパラダイス』。

ぼくは学生たちにもたくさん声をかけた。名古屋から一五〇㎞を自転車でくるぞ、という元気な奴もいた。となれば、安い宿をさがせ、近くに銭湯はあったか、次から次へと企画は進み、メリーゴーランドからは、賞品付きのウォークラリーをやることになった。電車の窓から見た風景をチェックするために近鉄電車の運転士の人にビデオを撮ってもらったりした。仁太郎は何度も伊勢へ足を運び〈伊勢レック〉の回りをチェックした。しかし、これは水野さんにはないしょにしておかねばならない。水野さんを驚かせたいのだから。

当日、くるわくるわ、三重県以外からもたくさんの人が、あちこちから一人また一人とやってきた。ぼくはもううれしくてうれしくて、仁太郎と二人でニヤニヤしっぱなしだった。満員で観る二度目の『ニューシネマパラダイス』は最高だった。

映画が終わると館主の水野さんが登場し、「映画館が喜んでいます、ありがとう」と涙のあいさつをした。その後、水野さんのはからいで、映写室を見学させてもらった。映写技師のおじさんは、『ニューシネマパラダイス』の中の〝アルフレードの奇跡〟をやってみせてくれたのだ。映画の中で、映写技師がガラスの反射を利用して外の広場の壁に画像をうつし出すのだ。

ぼくたちは大喜びで「ワアッー」と歓声を上げたのだが、近所の人たちは何の騒ぎかと驚いていた。帰りには、フィルムの一コマを栞《しおり》にしたおみやげをもらって、そこから暗い道をゾロゾロと歩いて旅館まで行った。途中、銭湯にも行くのだが、もう一軒あった閉館中の映画館の前をさりげなく通るコースにしてあった。

子ども寄席

メリーゴーランドの三階のホールはけっこう空いているときがあった。少林寺拳法やダンスやバレエ、ヨガの教室などに使っていたのだが、土曜・日曜にはメリーゴーランドのレクチャーの日以外は空いていた。

貸しホールとして使用してもらえば、多少の収入になって助かるのだが、こんなローカル線の小さな駅前の本屋のホールを貸してほしいといってくる人はあまりいなかった。

そんなある日、めずらしく、ホールを見せてほしいとたずねてきた人がいた。落語家の桂文《かつらぶん》我《が》(当時は桂雀司《じゃくし》)だった。ぼくはこのとき大喜びで「どーぞ、どーぞ」と言った。なんといってもぼくは落語が子どものころから大好きで、特に桂枝雀《しじゃく》のファンだったので、そのお弟子さんなら大歓迎なのである。

まだ若い感じの文我さん(ほんとうに若く見えたのだ)に少しの不安を感じながらも、自分もここで落語が聞けるのだという喜びで、仁太郎の細かい心配事や企画の相談も上の空、ぼくははやく文我さんの落語が聞きたくてワクワクしていた。

いよいよ寄席の当日、落語の好きなぼくの両親はもちろん、いろんな人に声をかけ、第一回の桂文我の会がはじまった。打ち合わせから会場の準備まで、文我さんは細かいところまで完壁に仕上げていった。そこがまた仁太郎の性格とピッタリきたのか、二人の気合いの入り方は、並ではなかった。落語という日本の伝統的な話芸のはじまる前の不思議な緊張感を味わいながら、ぼくの中には文我さんの落語を聞いてないのに「これはおもしろい」という気分ができあがりつつあった。

結果、お客さんは「ナマの落語はいいねえ」「こんどいつやるの?」と大満足。その後、二回、三回と文我の会は続くのだが、なぜか一回目から「桂文我四日市の会」が主催だから驚く。打ち合わせをしているうちに、意気投合して、いつのまにか四日市に会ができているのだ。まだ、一度も落語をやっていなかったのに。

森仁太郎という男は、そういう男である。イメージができあがれば、もう80%成功しているような気分なのである。不思議な性格である。ところが驚いたことに、桂文我さんも、まったく同じタイプの人間だったのである。二人の打ち合わせを横で聞いていると、前からすっかり仲よしだった感じで、次から次へと話が決定していく。ぼくは、ただうなずくのとお茶を飲むのをくり返していた。ほんに出会いは恐ろしい。

その後すぐ、大量のざぶとんと、舞台用の金屏風を買うことになった。

落語の会をやってみて気づいたのだが、文我さんの落語は、とてもすぐれたストーリーテリングなのだ。子どもの本を読み、売るという仕事の中でいつも気にしていたおはなしの持つ力というものをぼくは古典落語の中で再発見した。「いまごろ気づいたのか」と言われそうだけど、ぼくは、このままのこの空気を子どもたちにぶつけてみたいと思うようになった。

日本には民話や伝説など、語り継がれてきた物語がたくさんある。その有名なものはかなり絵本やアニメーションになっており、「絵にもかけない美しさ」が絵になっていたり、「わけのわからぬ怪物」が「怖くないや」という絵になってしまっていたりする。

物語を取り込むということは、自分の空想力や想像力で映像を作り出し、その世界をいつまでも持ち続けることである。もし、うっかり忘れてしまっていても、自分で作り出した世界は、機会あるごとにその言葉とともによみがえり、その人の生きる力になったりするのである。

昔からよくある、説教話や心あたたまる話は、そういった世界を心の中にたくさん住まわせた、心の広い、発想の豊かな子どもになってほしいという願いから創られたものかも知れない。

もちろん、その話はおもしろくなくてはいけない。そのためにも語り手の雰囲気づくりや演出が必要になってくるのだ。

世界中には、きっといろんなタイプのストーリーテラーがいて、民話や伝説を子どもたちに語っているだろうし、子どもの本の世界でも、図書館の司書などは、たくさんのお話を取り込んでいて、事あるごとに、子どもたちに語って聞かせている。もちろんぼくも、そのストーリーテラーを目指しているのだが、落語の語りと、聞き手をぐいっと引き込む演出は、まさにぼくが求めていたものだったのだ。……というわけで、ぼくは桂文我さんに「子どもたちにも落語を聞かせたいんだが」と相談をしてみた。もともと落語は子どものためのものではないということも知っていたし、文我さんは正統派の落語家で（勝手にそう呼んでいる）、古典落語の伝統を守ろうとするかなりガンコな人であることも知ってはいたのだが、ぼくは文我さんの落語を聞いて直感したことを正直に話してみた。

「やってみましょう」と案外、すんなりＯＫの返事に、驚いたのはこっちのほうで、「いけますか？」とわけのわからぬ言葉を口走ってしまった。

第一回の「子ども寄席」の感動は、今もはっきり覚えている。子どもたちは、むずかしい言葉も昔の言葉もまったく気にせず、そのストーリーの中にどっぷりはまりこんでいた。口をぽかんとあけた子や、床をたたいて笑いころげる子を、舞台のそでから眺めながら、ぼくはあらためて、落語の語りのすごさを認識した。

それ以来、定期的に子どものための落語会を開いているが、そのたびに文我さんは、子どもたちのために、少しの時間、落語の入門講座をやってくれた。着物の着方から、たいこや三味線のこと、おはやしのリズム、せんすや手ぬぐいの使い方を子どもたちに教えてくれるのである。ときには、子どもたちを高座に上げて、実際に落語家のマネをやらせてくれたりもした。

いつも通ってくる子どもたちは、落語のネタを覚え、落語家の言葉を先取りして叫ぶ子があらわれはじめた。

すると、ぼくは、今度は、子どものための「落語の速記本」(本来語りであるものを書きとめた本)を作りたくなった。というより、自分も子どもたちの前で、このネタをやりたいと思ったのだ。そんな思いつきを文我さんはあっさり承諾してくれたのである。

これがいまメリーゴーランドで発行している四冊の『落語ワンダーランド』である。表紙の荒井良二の絵がこれまた楽しい。

星降る夜を贈る

仙台から男が二人、ぼくに会うためにやってきた。あの人気バンド〈トラや帽子店〉のマネージャーの小町さんの紹介だ。一人は新田新一郎、もう一人は平山ラーメンと名乗った。なるほど、もらった名刺にも「平山ラーメン」と印刷されている。

「本名ですか?」思わず聞いてしまった。「いえ本名じゃないんですが、子どものときからそう呼ばれてましたから」そう答えるガッシリとした身体と口とあごひげは、ちょっとプロレスの悪役のようであったが、その東北なまりのある話し方はとても好感が持てた。きっと子どもたちに人気あるんだろうなあ……と思いながら、もう一人の新田新一郎の方を見た。ひげはないが歌舞伎役者のようなりりしい目鼻立ちは、平山ラーメンより若いのではと思わせるのだが、話し出すと平山ラーメンより先輩であることがわかる。平山ラーメンは新田新一郎のことを「新田先生」と呼ぶ。子どものアトリエの先生をしているのだから「先生」と呼ぶのだけれど、ぼくには「ぬった先生」と聞こえるのだ。

よく聞けば、子どもたちから「ぬったどん」と呼ばれ、たいへん親しまれているそうである。「ぬったどん」は話し出すと熱くなる、そこがぼくと似ている。しかし興奮すると汗が出る、声が高くなる。「アチョーッ」と聞こえたりする。あのブルース・リーを思い出させるような奇声を発するときもある。

話しているうちにぼくはだんだん楽しくなってきた。ひょっとするとぼくも「アチョーッ」と叫んでいたかも知れない。彼らが街で子どもたちと遊んでいることが、ぼくの考えているそれとすごく似ていたからだ。ああ、仙台にも、すごい子どもの味方がいたんだとうれしくなった。しかも、「新田《ぬった》」は一九九三年に流れ星を見るために、仙台の街の電気を消した男だったのだ。ぼくはあのときあのニュースをテレビで観ていた。カメラに向かって、たしか、照明の消えた仙台駅の前で、主催者の男が、「仙台の街も捨てたもんじゃないぜ」と叫んでいた。その男こそ新田新一郎だったのだ。

一九九三年八月十二日、ペルセウス座流星群がやってくるのを仙台市内で眺めたいと思った「新田《ぬった》」は、地元の電力会社に電気を消す相談に行く。おかしな話である。電気を送るのが仕事の電力会社に電気を止める相談に行くのだ、それもたった一人で。当然相手にされない。しかし、「新田」はあきらめずにくいさがる。用意している最後のセリフは、「あなたは仙台の街好きですか？」なのだ。そしてとうとう彼は電力会社から協賛金をもらう。それに自分のヘソクリをプラスして彼はチラシを印刷して街ゆく人にくばる。「ピカピカＯＦＦ、キラキラＯＮ」「ペルセウス座流星群がやってくる」「街中の広告塔、ネオンのあかりを消しましょう」「家の中のあかりや玄関灯を消しましょう」……この呼びかけに三十人の人が集まった。そして、少しずつ広がっていった。「ながれ星ページェントの会」と名付けられたその会の会員は百三十人になった。地元のネオン業者が百五十人を動員して消灯作業をすることになった。

いよいよ八月十二日がやってきた。午後九時から三十分間、仙台市の街の照明は次々と消されていく。ビルが暗くなると、拍手と歓声が沸き起こる。道路にねっころがる親子がいたり、野外コンサートが開かれたり、あれよあれよと大きな祭りになっていたのだ。

このときのこぼれ話だが、東京のテレビ局から「生放送のニュースで取材したいので、電気を消す時間を九時から十時に変更してもらえないか」という依頼が新田のところに届いた。このときの彼の返事がすばらしい。「ぼくの息子は五歳だけど十時になると寝ちゃうんですよ、ごめんなさい」

五歳の息子に〈星降る夜〉をプレゼントしたかったのだ。

遊美術《あそびじゅつ》のはじまり

子どもたちと本屋で遊ぶのがあまりにもおもしろいので、ぼくは〝読書クラブ〟というのを作って週に一回子どもたちと遊んでいた。少林寺拳法の道場で子どもたちと遊ぶのとはまたちがった楽しみがあった。今週は何々をしなければいけないというのがないので、その日の気分で本を読みたくなければ、近くの山に出かけ、昼寝をしたり、地面に絵を描いたり木に登ったりして遊んでいた。

この読書クラブは子どもたちから〝ドククラブ〟と呼ばれ、テーマソングまであって、いつも十〜二十人くらいの子どもたちが集まっていた。一番人気のあった本は『名医ポポタムの話』だった。いつかアフリカに行こうと一回二百円ずつ貯金箱にみんなで貯金していたのだが、結局、子どもたちが中学生になる前に、貯金を全部出して、〝大阪・たこ焼き食べ歩きツアー〟になってしまった。

その後、仙台の新田新一郎と出会い、彼のいるBe-I《ビーアイ》という子どものアトリエをひと目見てしまってから、そのアトリエの中のギラギラと目の輝く子どもたちと、彼らの描く自由な線や色、そのパワーにぼくは魅せられてしまった。そして、何度か遊びに行ってるうちに、〝メリーゴーランド・遊美術《あそびじゅつ》〟なる構想ができたのである。

Be-I《ビーアイ》には関口怜子という、これまた美術の達人がいて、彼女のワークショップと呼ばれる子どもとのやりとりを見れば見るほどぼくの中の〝やりたい病〟がうずいた。

しかし、そのころのぼくはますますは忙しくなるばかり、必要なのはおもしろいスタッフと先生(リーダー)なのだ。そう思った瞬間に、ぼくの頭の中になぜか突然ペンギンの顔が浮かんだ。重盛ペンギン、名刺にもそう書いてある。仙台の平山ラーメンのようなものである。

彼はロックミュージシャンであり、芸術家でもある。時々段ボールアート展や自作のTシャツ展などやっていて、その発想のおもしろさは天下一品で、ときどき、本屋のショーウィンドーのディスプレイをお願いしていたのだ。具体的なアイディアも何もないまま、そのとき絵本塾に来ていた小林渚という青年も誘って、「スキーに連れていったるよ」というかけ声で、春でもまだ雪のある仙台蔵王に向かった。

目的はただひとつ、Be-Iの子どもたちを彼らに見せたかったのだ。とうぜん、森仁太郎もいっしょである。

それから一年間、ぼくたちはあちこちの幼稚園や小学校などでさまざまな実験をくり返し、とうとうメリーゴーランドの二階に、プレイ&アートスペース〝遊美術《あそびじゅつ》〟をつくった。

『机に向かってコツコツ勉強はもうやめて、子どもの時代はたっぷり遊ぶ。遊びながらいろんなこと考えたり、創ったりしましょう。遊美術(Play and Art)はいわゆる図画工作の教室ではありません。こうすればよいという答えがないのです。
遊びながら美術を追究し、自分のすばらしさを発見する、そんな空間づくりを目指していま
す。』
こんなパンフレットをたくさんつくり、いろんな人に手渡していったのだ。なんだかよくわからないのに、とにかくのぞいてみるか、やってみるかの人たちがたくさん集まり、メリーゴーランドの遊美術はスタートした。

いざスタートしてみると、これがすごいことになった。ペンギンのパワー全開、今まで特に子どもたちとつき合ったことのなかったペンギンとナギサ(小林渚)は、天性の自分の中の子どもをまるごと出しながら、子どもを子ども扱いしない、失敗を恐れない精神でガンガン子どもと遊びまくった。

自分たちの町を探険し、山に川に移動し、自分たちの五感をフルに使ってメリーゴーランドの回りを少しずつ、自分たちの遊び場に変えていったのだ。

ぼくは時々遊美術の仲間に入りながら、自分が子どものころに遊んだ山や川や神社などを少しずつ紹介していった。そしていつのまにか、すっかり変わってしまったと思っていた自分の町に、まだまだすばらしい宝物が隠されていたことに気づきはじめたのである。

あそびじゅつin沖縄

仙台の新田新一郎と平山ラーメンがBe-I《ビーアイ》から独立して〝アトリエ自遊楽校〟をはじめた。そのころ、メリーゴーランドの二階の〝遊美術《あそびじゅつ》〟も六十名の子どもたちの通うりっぱな〝アトリエ〟になっていた。冬のスキーツアーも、二つのアトリエが合体し、それに少林寺拳法の子どもたちも加わって、山形蔵王の大きなスキー場に負けない多人数になっていった。第一回目は、節約のために名古屋からフェリーで二十二時間かけて行った。朝日と夕日の両方を船から眺めた。

スキーの先生は仙台の大学生たちだ。あたりまえのことだろうけど、仙台の人たちはみんなすごくスキーがうまい。

夜は親子でゲーム大会、最後の夜はスタンツ大会である。主演男優賞は一本の木の役をやった二年生、主演女優賞は桃太郎のおばあさんの役をやった一年生で、おとなたちは、涙を流すほど笑った。なんとスキーバッグの桃の中から桃太郎の手と足が、バン、バンと飛び出してきたのだ。

このアフタースキーが楽しかったのか、この後毎年、スキーツアーをやることになった。

ある中学生は、ツアーから帰った次の日、空き箱に『スキー基金』と書いて、酔って帰った父親にポケットの中の小銭を入れてもらった。なんと一年間で八万円貯めたのだからすごい。

そんなに喜んでもらえるのならと、ぼくは夏休みに〝あそびじゅつin沖縄〟というのをやろうよ、と呼びかけた。やっぱり夏は海でしょ。それに沖縄といえば、作家の灰谷健次郎さんの住んでる渡嘉敷島がある。

「でも、ぼくだけではもう手が回りません」と泣き言をいう仁太郎に、本屋から企画に一人助っ人がきた。本屋のスタッフになって二年目、ようやく仕事が楽しくなってきた鈴木潤だった。子どものころからメリーゴーランドが好きで、いつかはこの本屋さんで働きたいと思っていたという。驚いたことに最初に面接にきたとき、どうも顔が、昔ぼくがよく行っていた喫茶店のおじさんに似ているので、「知ってる?」と聞くと、「ああ、おじいちゃんのことですか」。ということは、孫? なんだよね。ぼくの知人の孫が、店に働きにくる時代になったのかという驚きとともに、急に自分がたまて箱をあけた浦島太郎になった気分だった。

そのジュン(子どもたちからそう呼ばれている)は二階の企画室に上がったとたんに、〝あそびじゅつin沖縄〟の担当になってしまったのである。

ジュンが一人で二〇〇人の親子を仕切る。宿の手配から子どもたちの遊ぶ場所まで、出会う人たちとのすべての打ち合わせをする。

三月の初め、まだ寒い本州から、ぼくと新田新一郎とジュンは沖縄に下見に出かけた。三日間走り回って、あちこちを見る。人に会う。そこの人たちや子どもたちとの交流を交渉する、すべて彼女が仕切る。ぼくと新田は協力をする、アドバイスをする。

このときに、ジュンのそばで感じたのは、一見小さくて子どもっぽく見えるジュンは、いろんな交渉にやや不利であるということだった。若い女性だから甘く見られるのだろうが、何度も彼女は腹を立てていた。しかし、負けん気の強い彼女は、一人でふんばった。二〇〇人、一人一人の家に電話をし、子どもの体調を聞き、いろんな個人的なリクエストにていねいに応対していた。そうなのだ、メリーゴーランドの企画室と遊美術《あそびじゅつ》は、準備にエネルギーを使う。とことんやるのだ。

七月の終わり、全国各地から子どもとおとな合わせて二〇〇人無事沖縄に着いた。そのときジュンはうれしくて泣いた。まだ仕事はこれからというのに……。

シドニー港探険隊

シドニー港探険隊の報告展を市の博物館でやった。昨年の八月から八人の小学生たちと四日市港やシドニー港を歩き回った運動靴を、入り口に八人分アクリルの透明な箱に入れて展示した。絵の具やペンキ、海の砂などが付いた思い出の靴だ。

一九九八年、四日市港とシドニー港は姉妹港提携三十周年を迎えた。その記念事業に何をするかの会議で、ぼくは子どもたちの「シドニー港探険隊」を提案したのだ。

応募者の中から抽選で選ばれた小学生八人は、半年間月に一回四日市の港を探険した。自分たちで作った探険隊の名札には港管理組合長の印も押してある。これさえあればどこへだって入っていける。船に乗って港を回った。四日市駅から港まで歩いた。「昔はここまで海だったんだぞ」というおじさんの話に驚き、博物館で昔の港を見た。港で拾ったいろんな物でオブジェを作った。外国からやってきた不思議な物が多い。港の堤防で二十メートルの布を染めた。一泊二日の合宿もした。シドニーのホテルでみんなで暮らすための練習だ。朝早く起きて日の出も見た。〈シドニー港探険隊の歌〉も作った。

一九九九年正月、探険隊は出発した。隊長はぼく・ひげのおっさん、スタッフは遊美術のペンギンと、企画のジュン、四日市港の美濃さん。ほとんど家族のようにチームワークのとれた八人の子どもと四人のおとなはダーリングハーバーに滞在しながら、働くシドニー港を探険した。ほとんどシドニーやオーストラリアに関する情報を与えてもらってなかった子どもたちは、あまりの都会、あまりの大きさ、美しさに驚いていた。ポートタワーにのぼり、タグボートに乗り、四日市港でやってきたのと同じことをやった。オペラハウスの前で二十メートルの布を広げ染めた。隊長はわけのわからぬ英語で、通行人たちに布を染める説明をしている。ここは絵の具や染料で港を汚してはいけないのだ。結局、芝生の上で染めた。

自由行動の日、港に泊まっている軍艦の見学グループと、水族館のグループに分かれた。軍艦チームの子たちは「カッコイイ」を連発していた。ミサイルをうっとり眺めていた。「これ一発で君も君の家族もぶっとぶぞ」とぼくはおどす。その夜、彼は詩を書いた。

かぞく

かぞくが一人じゃおもしろくない
二人いじょうだからたのしい
お父さん、お母さんはすごくたいせつ

いもうともかぞくはたいせつ
なにがあってもいっしょにいたい
せんそうがあってもいっしょにいたい
かぞくがいるからたのしい

最後の夜、シドニーの友だちとその家族をホテルに招待して、みんなで作った日本食のパーティーをした。

みんなで書道して遊んだ、歌も歌った、ゲームもした。あっという間の六日間、全員にとってのスペシャルな正月は終わった。


半年間に探険隊が見たこと感じたことのすべてを見てほしかった。博物館の三階からたらした二枚の二十メートルの染めた布、八人の等身大の写真、みんなで作ったオブジェ、絵、書、詩、すべて展示する。主役は八人の子どもたちだ。

報告展は春休み中ということもあって、たくさんの人たちがきてくれた。八人の子どもたちは交代で会場の案内係をした。

最終日の「報告会」で一人の隊員が言った。「シドニー港は大きくて美しかったけど、私は四日市港が好きです」。こうして楽しい楽しい探険隊は任務を終えて解散した。

こどものまちをつくりたい

ついにミュンヘンまでやってきた。ぼくたち「四日市こどものまちプロジェクト」は四年前から、四日市市にチルドレンズ・ミュージアムをつくろうと、メンバーを募り、月に一回集まって、あれこれ準備をすすめてきた。

子どもの本屋をはじめる前からずっとよき相談役であり仲間であった坂倉加代子さんが、定年退職したのをきっかけに、ぼくたちは憧れの子どもの街、ミニ・ミュンヘンへやってきたのだ。

ミニ・ミュンヘンは、ミュンヘン市で二年に一回開かれる子どものためのイベントで、約一ヶ月間子どもたちが自主的に自分たちの街をつくり、遊んだり働いたり学んだりしながら街というものを体験していくものだ。

オリンピック公園の中の競輪場にはいろんな板で書き割りがされており、なんだか少しがらんとしてさみしいなと感じながら、主催者の一人、ゲルトさんに、市役所になっている空間(当然市長も子どもである)で話をうかがっていると、開場時間がきて、「ワーッ」とか「キャーッ」という声とともに子どもたちがなだれこんできた。彼らはまず、街の職業安定所へ走りこみ仕事を探すのだ。一時間働くと四ミミューという通貨をかせぐことができる。この『ミミュー』

がないとこの街では何もできない。

ぼくたちと同行した教育評論家の斎藤次郎さんと奥さんの明子さんは、昼食を食べるのにミミューがなくて、そこにいた子どもたちにごちそうしてもらって感動していた。もちろんそのスパゲッティを作っているのも子どもたちである。

人気のある職業はタクシーの運転手、けっこうすごいスピードで走っている（もちろん人力である）。大学や図書館、百貨店もある。大学で学んでも四ミミューもらえるのはとてもよいと思った。白衣を着た少年と、本物の大学の先生が熱心に顕微鏡をのぞいていた。

この街の主人公はもちろん子ども、「やりたいことはやる、やりたくないことはやらない」、子どもが自分で決める。働いて稼ぐ、稼いだお金を自分で使う。

ぼくと坂倉さんは、顔を見合わせてはため息をついた。「四日市こどものまち」はまだ会場すら決まっていないのだから。しかし、このイキイキ動き回る子どもたちと、その真剣な顔と笑顔を見せられて感動しない人はいないだろう。ぼくたちの夢はまたしても大きくふくらんでゆくのだ。

ゲルトさんがさりげなく「二十年かかりました」といったそのひとことに、ぼくは深くうなずいた。たくさんアドバイスをいただき、ぼくたちは日本の三重県のぼくたちの街にふさわしいものをつくるのにはまだまだ時間がかかり、まだほんの第一歩を踏み出したばかりであることを実感した。

高校の教師でもあるゲルトさん、ぼくたちの四日市での活動の写真を眺めながら、にっこり笑って、「いつでも応援にかけつけますよ」と言った。

松本神社、夢の夜

ぼくの家のすぐそばに、小さな森がある。その石段を百三段登ると小さな神社がある。ふだんは人がいないが、町内のみんなの神社である。大きなくすの木がある。夏になると実をつける山ももの木がある。ドングリの木がある。その雑木林の奥に広場があって、その小さな森のてっぺんで、ぼくが子どものころには、そこで盆おどりがあった。山の上からドンドコ太鼓の音が聞こえてくると、早く山に行きたくてソワソワしたものだった。

まわりを木にかこまれた広場からだと、月や星がよく見える。ぼくが赤ん坊だったころ、十二歳年上の兄がその山のてっぺんで野球をしていて、背負っている赤ん坊のぼくがじゃまなので、松の木におぶいひものままくくりつけた。そのまま忘れて家に帰ったらしく、家族で夕食を食べてるときに、「あっ、喜昭がいない!」ってことになって、兄はあわてて石段百三段かけ上って松の木のところへ行けば、満月に照らされた赤ん坊は笑っていたらしい。それで、いまでも満月の夜になると血がさわいで、「ウオォーン」とほえたくなるのかも知れない。

そんな思い出話が山ほどあるこの森と神社は、今でもぼくが毎朝散歩に来ている大切な場所だ。最近知ったのだが、この小さな神社は大工だったぼくのおじいさんが建てたらしいのである。そういえば、おじいさんは、神社でお参りするときは、自分のことをお願いしてはいけない、みんなが幸せになりますように、とお願いするものなのだ、とぼくに教えていた。六年生のとき、友だちと伊勢神宮に行って、「自分のことお願いしてはいけないのだ」と友だちに言って笑われたことがあった。神社の人に聞けば、なるほど、何をお願いしてもよいとのことだった。うーん、くそじじいめ、だましたな……と思ったけれども、なぜかぼくはいま、子どもたちに「みんなの幸せをお願いするものなのだ」と教えている。

おじいさんは町内の神社を建てた人であるから、「みんなが幸せに」という想いが強かったのだろう、と最近、ますますこの神社に対する思い入れが深くなってきた。

そんなある日、篠笛吹きの狩野泰一《かのうやすかず》から「遊びに行っていいですか」の電話が入った。元・鼓童のメンバーだった狩野泰一は笛の名手、近くにコンサートにくるので店に寄りたいとのことだったのだが、このときぼくの頭の中にパッと電気がともった。そうだ、神社で笛を吹いて奉納してもらおう。さっそく近所の幼なじみたちに電話して集まってもらった。みんな九年前になくなった町内の獅子舞をやっていた連中だ。「おもしろそうだ、やろう、やろう」と話は盛り上がり、さっそく神社の総代、自治会長などに相談に行った。狩野泰一のCDを持っていって聞いてもらい、いい笛の音だからぜひ神社で、とお願いした。それは楽しそうだ、社務所も開けてやろう、行灯や提灯は必要か、と協力的で、なんだか夢のような計画が進んでいく。

さっそくチラシを刷った。「松本神社で篠笛を聞きませんか」、もちろん入場無料である。その日から(それは一ヶ月前であった)ぼくは、毎朝犬と散歩しながら、チラシを配った。神社のさい銭箱のとなりにたくさん置いておいた。そのチラシは毎日少しずつ減っていた。心配なのは雨である。六月は雨の日が多い。神社の境内は雨に濡れるとぐちゃぐちゃになり、すべりやすくなるのだ。いよいよあと一週間、ぼくたち「神社で篠笛を聞く会」のメンバーはあれこれ動きはじめた。照明、音響、いろいろ意見を出しあった。「いすは各自御持参下さい」とチラシには書いてあるが、きっと町内の人たちは持ってこないだろう、お年寄りの優待席もつくろう、雨が降ったら本殿の中でやろう、あれこれ話し合ってるうちに、暗いから石段にろうそくを立てようということになった。さっそく日曜日、五人のメンバーは竹藪に入って太い竹を何本か切った。その竹を節と節の間をななめに切って、釘をさして、ろうそく立てを作った。これを石段にずらりと並べるのである。

幼なじみのおじさんたちは、汗を流しながらどんどん祭りを作り上げていく気分に入り込んでいった。自分の住んでる町の空気がなつかしいうれしいものになっていく瞬間だ。

二〇〇一年六月二十七日、果たしてその日は、快晴だった。暑くて、石段に水を打ったほどだ。夕方六時三十分、あたりは少しずつ暗くなっていき、神社のま上には月がくっきりと出ている。石段の竹筒のろうそくの灯は、うっとりするほど美しい。

七時、さっきまでまばらだった人たちが急に増えはじめ、老人の優待席は満員、小学校の校長、自治会長、市長も議会を終わってかけつけた。境内に集まった人は二五〇人、予想をはるかに越える人数に、ぼくたちは興奮した。「昭和二年に建ってからこの神社にこんなにたくさんの人が集まったのは初めてだ」という総代のあいさつの後、狩野泰一の笛が鳴りはじめた。この日のために彼は、太鼓、尺八、三味線を用意し、たっぷり一時間半、小さな町の人たちを酔わせた。感動で涙を流す老人、「生きとってよかった」の一言にぼくたちはこの神社でやる意味を確認しあった。

終わってから打ち上げの席で狩野泰一はまた笛を吹いた。その席でまんじゅう屋の文雄さんというおじいさん（町内の笛の名人と言われた人）が何十年ぶりかで獅子舞の笛を吹いた。みんなしーんとした。思い出したのだ、獅子舞のことを。「指が動かん」と言いながら文雄さんは吹いた。このときぼくにははっきりと目の前で舞う獅子が見えた。

久しぶりに町内の長老たちの昔話がたくさん聞けた。まるで夢のような一夜であった。

ぼくの思いつきにつき合ってくれた、魚屋の条内《くめうち》、和風レストランの田中、機械屋の山下、車整備屋の田中、米屋の後藤、本屋の増田のところのスタッフたち、高校生の秦野、ほんとにありがとう。

本屋さんの日記帳　PARTⅡ

自分の町を探険する

○月○日

銀行強盗をした。といっても、遊《あそ》美術《びじゅつ》の子どもたちとバンダナでマスクして、閉店後の銀行の裏口から入ったのだ。手をピストルの形にして、「手を上げろ！」と叫んだ。まっ先に手を上げたのは支店長だ。

子どもたちに銀行の中を見せたいと相談したら、「どうぞ、どうぞ」ということになり、どうせ見せるならおもしろいほうがよいと、銀行強盗になったわけである。

金庫の扉は大きくて分厚い。災害のときの小さな扉が高い所にあった。水が入ってもそこから出入りするのだそうだ。銀行員のお姉さんにお札を数えてもらった、すごく速い。防犯カメラもキャッシュサービスの機械の裏側もみせてもらった。おとなのぼくが大喜びしてた。知らないことだらけだったのだ。

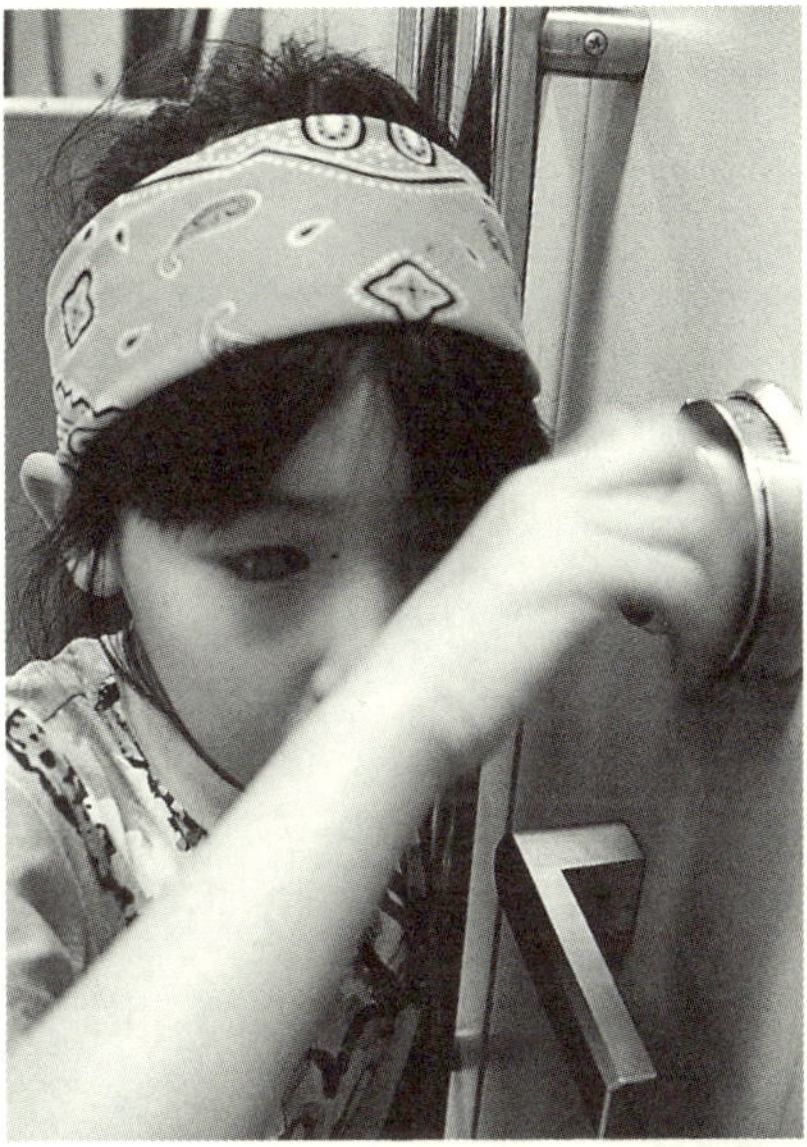

そーっとそーっと…。
強盗になって銀行の金庫へ

これも、理解のある支店長のおかげだ。この支店長の息子は『ピーターパン』が大好きで、メリーゴーランドにくるとき、いつも頭に羽根を付けて、ピーターパンになりきってやってくる。「やあ、ピーター」ぼくはいつも彼にこう呼びかけた。彼はもう高校生になっている。「うちの息子はメリーゴーランドで育ったようなもんです」と支店長は言う。そうだ、子どもは町で育つのだ。それだからぼくは子どもたちと町に出る。町を探険する。

レストランの厨房、パン屋さん、魚屋さん、うどん屋さん。

近くの駅へ行ったときはおもしろかった。「駅長さん、写真撮ってもいいですか？」子どもたちの声に、駅長さんは「あ、ちょっと待ってくれ」と、あわてて机の上のポテトチップスの袋を下にかくし、制帽をかぶり、いすにすわりなおして、「さあどうぞ」と言った。その後、子どもたちの写真展をやったとき、この駅長さんの写真の下には「あわててポテトチップスをかくした駅長さん」と書かれていた。

子どもたちと一緒に町を歩くと、驚きの連続だ。何よりも、町で働くおとなたちの、子どもたちと話すその顔が、いつもよりずっといい。子どもたちが町の中で学ぶことができるのは、それはこんないい顔のおとながいっぱいいる町なのだろう。

おはなしの力

○月○日

佐野洋子の『おとうさんおはなしして』を読んだ。うれしくなった。こんな本が欲しかったからだ。

「おはなしなんかしらないよ」と言うお父さんに、「おとななのに？」とつめよるルルくんのことばがいちいちするどくて楽しい。お父さんも負けていない。「本当はおはなしなんか山ほどしっているのさ、もうかくしておくのが大変なくらいなんだぜ」とくる。

読みながらぼくは、毎日子どもたちに〝おはなし〟をしていたシドニーへの旅を思い出していた。四日市港の姉妹港シドニーで、八人の子どもたちと五日間、港を探険したのだ。

街の中もホテルのテレビもみんな英語だったせいか、子どもたちは〈ことばあそび〉や〈おはなし〉に驚くほどくいついてきた。

「さあて、今日はどんな話がいいかな。おもしろい話、こわーい話……」「こわーい話」「はいはい、それじゃあ主人公はどんな人にしようか？」「おばけぇ……」

ぼくは思いつくままに、次から次へとだじゃれ、大うそ、はったりのつくり話をしたのだが、そのたびに子どもたちは笑いころげる。その喜ぶ顔を見るとぼくはますます調子にのった。久しぶりに〝おはなし〟のもつ力を実感していた。

日本を遠く離れて、飛行機にのってやってきた。その子どもたちのほとんどがはじめての海外旅行である。いろんな不安もあっただろう。その不安は、毎日のこのいいかげんな〝おはなし〟によってかなり消えていったように思う。

『おとうさんおはなしして』の中で、お父さんがルルくんにおはなしをしてあげる「ジンセイのヨロコビ」がいちばん好きだ。一枚のシャツが、大冒険のすえ、クマの家族にとけこんでいくようすを、こんなふうに子どもに語りかけることのできる佐野さんは、やっぱりおはなしの達人だ。

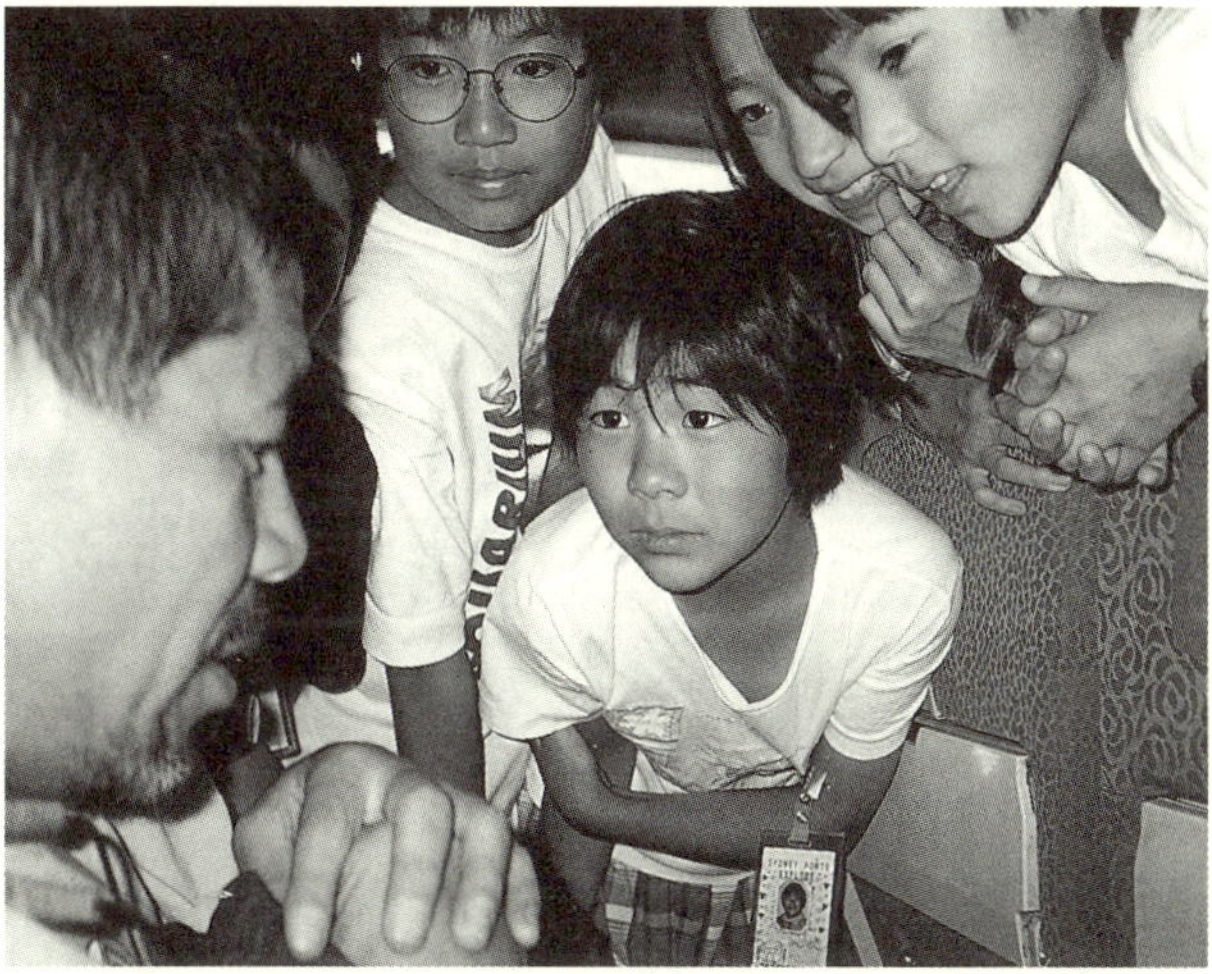

「コワーイおはなしがいいのか？」（機内で）

田んぼの思い出

○月○日

『水と緑の国、日本』(富山和子著)に感動した。シドニーで図書館の司書をしている友人に贈るつもりでカバンにつめて、飛行機の中でもう一度ていねいに読んだ。英語と日本語で書かれているので、こんどは英語のところもしっかり読んでおこうと思ったのだ。

美しい日本の水田の写真が各ページにあり、富山さんのすばらしいメッセージが組み合わされている。

ふと、〈田作りの農婦〉と題された一枚の写真に吸い込まれた。一人の農婦が山の中の田で泥をこね、くわで塗りつけて新しいあぜをつくっているのである。

遠い峠田のてっぺん
あれは　おかんかいな
鳥かいな

坂本遼の「春」という詩を思い出す。ぼくの子ども時代はまさにこの詩のごとくであった。

昼寝からさめて母がいないと、ぼくは山の畑や田んぼに走って母を捜しにいった。学校から帰って、家に食べ物がないと、山を越えて田んぼのあぜ道を走った。母はいつもお茶とおやつを持って田に出ていたからだ。

ぼくは、子どものころ、農家が嫌いだった。テレビのコマーシャルにでてくるような店で、ケーキやアイスクリームを食べる家族にずっとあこがれていた。

水田が美しいなどとは思ったことがなかった。

なのに、この写真集は美しい、涙が出そうになるくらい美しいのだ。川で魚をとって遊び、山でキノコをとって歩いた、あのみずみずしい緑の国は、田のあぜをつくり水をはり、米を作ってきた先祖の、数千年にわたる命をかけた労働の結果だったのだ。

ぼくのカバンの中には、富山さんの本と一緒に、まだあたたかいおにぎりと、八十五歳になる母のつくった梅干しが入っている。

海辺はいい

○月○日
遊《あそ》美術《びじゅつ》に〝サンデースペシャル〟というのをつくった。平日になかなか参加できない遠くの親子のために、日曜日にどこかにでかけて遊美術をやるのだ。

今日は、四日市で唯一砂浜のある磯津の海岸へきた。ペンギンが率いる約三十名の親子はもう砂浜ではしゃぎながら、いろんなものを拾いはじめている。


そういえば、我が家では、贈り物は買った物をあげてはいけないきまりになっていて、娘の桃子は海辺で拾った、丸くなった色とりどりのガラスのかけら(シーグラスというらしい)をたくさん集めていて、友だちの誕生日なんかにそれを年齢の数だけちりばめた額縁を作っていた。

ぼくの友人が結婚するとき、桃子はプレゼントに海辺で拾った貝がらを小さなカゴに入れていたが、デパートで美しい貝がらのカゴ入りが五百円で売っているのを見つけて、ベソをかいていた。それでも、あげる人のことを想いながらひとつひとつ貝がらを拾うことにすごーい意味があるんだということを、ぼくが六歳の桃子に懸命に説明したのはもう十八年前。

おかげで桃子はなんだかんだと拾ってくるのが好きになってしまったようだが、父親が海へ行くと下ばかり見て歩いてるのだからしょうがない。ぼくの自慢の宝物は、砂浜で拾った薬の入ったカプセルだ。十二コ入りのカプセルがズラリとつながっているんだけど、一個ずつみんな色がちがっているのだ。どんな海水でどういうふうに化学変化したのかは知らないけど、カプセルの中の色は美しい十二色になっているのだ。「危険だから捨てろ」と叱られそうだけど、ぼくはケースに入れて大切に保管している。桃子がうらやましがって「ちょうだい」と言ったけどあげなかった。

そんなことをぼんやりと思い出しているうちに子どもたちはどんどんいろんなものを拾っては見せにくる。波がザーッとやってきて遠くのものを運んでくる。その波にころがされて石もガラスもどんどん丸くなってゆく。木なんかは、なんだかやわらかく、やさしい感じになっていて、思わずさわりたくなるから不思議だ。

とうとう、子どもたちとペンギンは、漂着物で大きな塔を作りはじめた。お父さんたちも手伝っている。波打ち際に穴をあけて、大きな流木をつき立てて、すばらしい立体芸術品を作り上げたのだ。

みんな満足してお弁当を食べていると、どんどん潮が満ちてきて、あれあれと言ってるうちにその巨大な芸術はくずれてしまった。芸術は、はかなくせつない。しかし、子どもたちの心のカメラはきっちりとその芸術となんにもなくなった水平線とをセットにして写していたにちがいない。

　その芸術を作ったときの手の感触やにおい。どこからやってきたとも知れぬその流れ着いた物に、海のむこうにも自分と同じようにこちらを眺めてるやつがいるかも知れないというロマンもみんなひっくるめて彼らの中にしまいこまれている。

　やっぱり海のある町はいい。なんだかわからないけどいい。静かだったり、荒れていたり、夕方だったり朝だったり、夏だったり冬だったり、いちいち海はいいのだ。

　どんな物を拾うかなんて、ほんの出会いと偶然なのだろうが、そのために海へ行くということがたまらなくいいのである。

　そして、拾ってきた物を眺めながら、もう一度海を想うのである。

わからないから楽しいのだ

○月○日

『えんとこ』という映画を見た。えんとことは寝たきりの障害者、遠藤滋さんがいるところ。そこに集まる介助の若者たちと過ごした三年間の記録映画である。

映画は遠藤さんの顔のアップからはじまる。その言葉はとても聞き取りにくい。ぼくは字幕スーパーをつけてほしいなあと思った。初めて介助にやってきた若者に、遠藤さんが何を教えているのか知りたかったからだ。しかし、映画を見ているうちにそんなふうに考えた自分が恥ずかしくなった。少しずつ遠藤さんの言っていることが理解できるようになってきたからである。

人と付き合うということは、そういうことだった。自分の力で時間をかけて少しずつ理解していくものなのだ。近ごろのテレビは字幕スーパーがやたらに多く、ときには不必要と思われるぐらい出てくる。わかりやすくしているつもりが、かえっておせっかいになっている。

子どもの本の中の［注］や［解説］もぼくはあまり好きでない。わからないということがわかるのがいいと思っている。自分で調べたり、近くにいるだれかにたずねたりすることが楽しいのだから。

当然、この映画にも答えはない。ただ、一日二十四時間三交代の介助なしには遠藤さんは生きていけない。介助の人たちのそれぞれを映像で見ながらぼくは、人と人の付き合う時間のあり方を考えてしまう。

ともあれ楽しい映画だった、明るい映画だった。

夏休み、子どもたちと海で遊びながら、この映画のラストシーンで若者たちに支えられながら海の中を歩いていた遠藤さんの姿を思い出している。あのとき、本当に支えられていたのはあの若者たちだったということに今ごろ気づいた。

さあ夏休み、ぼくの「子ども浴」の始まりだ。

バリ島・タガス村の子どもたち

○月○日
いま、宮城県中新田町《なかにいだちょう》にきている。

「東北一美しい」といわれる町の図書館をお手伝いした縁だ。部屋でみんなが毛布にくるまって眠っている。ぼくの頭の中では、昼間聴いたインドネシアのガムランの音が、グワングワンと響いている。

眠っているのは、バリ島タガス村の歌舞団を仙台に招いた実行委員の若者たちとリーダーの新田新一郎だ。十日間に五カ所で公演、その間に小、中学校や大学で演奏や踊りのワークショップもする。このハードな企画をサポートする若者たち、そしてそれにこたえるタガス村の人たち。二日間行動をともにしながら、ここまでこの人たちを熱くしているものは何なのかと考える。

彼ら実行委員のメンバーは六年前からタガス村と交流を続けている。ぼくも何度か同行して、タガスの子どもたちと遊んだりした。

タガスの一日は、子どものころの夏休みが戻ってきたように楽しくてせつない。子どもたちの喜怒哀楽はストレートだ。「だるまさんがころんだ」や「花いちもんめ」を教えて遊んでいるときに、相手に妹をとられたといってわーんと泣き出すのだ。かと思えば、すぐにゲラゲラ笑いだす。その豊かな表情に、ぼくは自分の子どものころを重ねてしまう。そして、夏休みにほとんど外で遊ばず、塾に通っていた町の子どもたちのことを思い返した。

真っ暗な大地の上、火をともして歌い踊るケチャ。ガムランの演奏にレゴンダンス。村人たちが一体になってくり広げるそのリズムやエネルギーを知れば知るほど、実行委員たちの体の中に熱いものが満ちてくるのだろう。

中新田からの帰途、新田新一郎が指導する利府町《りふちょう》の子どもたちのミュージカルの練習を見せてもらった。汗を流し、楽しく踊る子どもたちを見るうちに、ぼくの中にも熱いものがわき上がった。

バリの子どもたちと遊ぶ(ダルマサンガコロンダ)

ふるさとのにおいと夏

○月○日
マレーシアの小学校を訪ねた。子どもとおとな四十人のツアーだ。三人一組で授業中の教室に入り、歌や遊びで交流した。

笛を吹く人、こまを回す人、あやとりをする人。お返しにマレーシアの歌やゲームも教えてもらった。

ドキドキするような獅子舞。一緒に食べた晩ご飯。突然のスコール、その音に負けない歌声。そして、昼間とは対照的な静かな夜。小さな舟で真っ暗な川へホタル狩り。マングローブの木に群がるホタルは、まるでクリスマスツリーのようだ。上を見れば星空。「これが夏休みなんだよなあ」。ぼくは、思わず心の中でつぶやいた。

『カンポンのガキ大将』(ラット作)という、大好きな絵本がある。マレーシアの小さな村に住む男の子の生活が、漫画で楽しく描かれている。そこには毎日が夏休みのような遊びがあり、ぼくの子どものころにあった村の空気が漂っている。

その中で、村を出て街の学校へ行くことになった主人公に、おばあちゃんがこんなことを言う。

「むこうにいっても、ナマイキになるんじゃないよ。わたしらは、もともと地味ないなかものなんだからね。いつも神さまに感謝して、わたしらのこと、わすれるんじゃないよ。それからもうひとつ、いつかかならず、カンポンにかえっておいで」

マレーシアの子どもたちと遊びながら妙になつかしいにおいがしたのは、この絵本のせいだけではなかっただろう。暑い夏、ちょっと涼しい山や川。夏祭り。星空。すいかのにおい。おばあちゃんの声……。

ぼくの中の夏休みは、いつもふるさとのにおいの中にある。ぼくはいま、そのふるさとの町で子どもの本屋をしている。

チルドレンズ・ミュージアム

○月○日

ロサンゼルスからニューオリンズに向かう飛行機の中で書いている。あべ弘士、荒井良二、飯野和好、中川ひろたかといった絵本作家たちと、アメリカのいろんな街にあるチルドレンズ・ミュージアム(参加体験型の子ども博物館)や動物園などをたずねて回っているのだ。

施設のすばらしさよりも、人材の豊かさ、その展示物のしかけのみごとさに、じかに触れてみたいという思いからの旅だった。どの街にもそれぞれ個性的な工夫があり、新しい驚きと発見で、ぼくたちはほとんど満腹状態のまま次の街に移動することになった。

昨日たずねたロサンゼルスのチルドレンズ・ミュージアムは、あいにくの閉館日にもかかわらず、スタッフたちの研修会のようすを見学させてもらった。

それは歌と踊りで、五冊の絵本を紹介をするという出し物の練習だった。作詞、作曲、振付け、演出まで自分たちでやってしまうのだからおそろしい。言葉をよく理解できないぼくたちですら、大笑いし、涙を流しながら見入ってしまうほどだ。ひざにパッドを当てたヘビ役の人が、地べたをスルスルとすべりながら歌っていた姿は、いま思い出しても身震いするほどだ。

その隣の部屋では、傷んだ展示物を修理している人たちがいた。明日の開館に間に合わせるために、修理屋を頼まず、自分たちでやっているそうで、汗だくになって何度も実験を繰り返していた。

真剣なのだ。全力投球なのだ。子どもたちが驚いたり、楽しんだり、学んだりするために、ワークショップや手づくりの小さな展示物にかける情熱は、そのまま絵本づくりにかかわっているぼくたちの頭の上に、大きなトンカチとなってふり下ろされた。ガーン！

客はぼくたちだけなのに、この迫力！

沖縄でサマーキャンプ

○月○日

沖縄の渡嘉敷島の灰谷健次郎さんの書斎で書いている。窓の外は海、青い空、白い雲、緑の島、砂浜は白く、海はどこまでも透き通っている。

静かだ。ぼーっと海ばかり眺めてしまう。はやくこの原稿を書かないと子どもたちがやってくる。

昨日、百人の子どもたちと那覇からフェリーに乗ってやってきた。子どもが主役のサマーキャンプ〝あそびじゅつinとかしき〟だ。

水中メガネを着けて海に入った。ほとんどの子どもがはじめて海に潜る。サンゴがある。色とりどりの魚がいる。興奮もさめないまま、夜は灰谷さんに海の話を聞く。

「どうして透き通ってる海の魚はきれいなんですか」「あの魚も食べるんですか」。いろんな質問に、灰谷さんはひとつひとつていねいに答えてくれる。海のこと魚のこと、生きている星砂のこと、おとなも夢中になって聞いている。あまりにも知らなかったことが多いからだ。

沖縄に魅せられて、ここに住みついた灰谷さんの思いが少しずつ子どもたちにしみこんでいく。その子どもたちの顔を眺めているだけでうれしい。

海だ！　沖縄だ！

夜は地元の子どもたちといっしょに福尾野歩《のぼ》のコンサートで盛り上る。おとなも子どもも夢中になる野歩さんのコンサートは、ぼくたちのキャンプには欠かせない。

子どもたちと四日間つき合ってくれる十五人のスタッフはほとんどが沖縄の人である。身体障害者のスポーツ指導員をやっている富村かよ子さんに声をかけて集めていただいた人たちである。みんな個性的で型やぶりだ。そう、おとなにもいろんな人がいる。

今回はひとり旅の小学生もいる。一日目ちょっと涙を出した子もいる。不安なのだ。二日目にはすっかり楽しんで、三日目にはもう自分のペースで、四日目はスタッフと別れるのに涙を流す。「来年も会おうぜ」と言うスタッフも涙する。

いまは、夏休み。どこの町でもセミは鳴き、空は広く、山は緑だ。子どもよ遊べ、宿題なんか忘れて……。

ただ、穴を掘る

○月○日
爪の中に土が入って黒くなっている。たったいままで子どもたちと穴を掘っていた。ここは箱根の山の中、夏休み最後の合宿は二泊三日の〝サマーカレッジ〟。二百人の子どもたちと遊ぶ。

〝穴掘り〟を提案したのは宮城県美術館の齊《さい》正弘さん。子どもたちは、家から持ち寄ったスコップやシャベルで穴を掘る。石が出てくる。粘土も出てくる。固い土はなかなか手ごわい。大きな石を掘り出すたびに歓声があがる。

「ここは箱根だからな、温泉が出るかも知れないぞ」。齊さんのひとことに子どもたちの興奮が高まる。

たっぷり二時間も掘っただろうか、なんとなく穴らしいものになった。掘り出した粘土を丸めている子、出てきた小さな石を大切そうにポケットにしまっている子、掘った土で山をつくる子もいる。「さあ、こんどは穴をうめようか」の声に、「えー、うめちゃうの」「もうちょっと待ってよ」。穴の中から声がする。

ただ地面に穴を掘って、それをうめるだけ。それでもいろんなドラマが生まれる。グループごとに、まったくちがった形の穴ができる。それをひとつずつ眺めて歩くだけで楽しい。ただ、穴を掘る、その行為がうれしい。

谷川俊太郎と和田誠の絵本『あな』を思い出す。ひとりの男の子がひたすら穴を掘る話である。ページをめくるごとに、穴が深くなっていくのがたまらない。

この夏、ぼくはほとんど子どもたちと遊んでいた。「おじさん、こんなことしていていいの」と気を使いながら、ぼくと遊んでくれた子どもたちよ、ありがとう。

おとなと子ども、どちらが得か

○月○日

秋になるとスイカが恋しくなる。ぼくは子どものころからスイカが好きで、白いシャツが赤く染まるほど食べていた（と、母は八十五歳になってもスイカを食べるたびにその話をする）。

この夏、何度となく合宿やキャンプで子どもたちとスイカを食べた。食べながら、ふっと頭をかすめるのが、江國香織の『すいかの匂い』という短編集だ。読んだとき背中がぞくっとした。〝こわい〟と思った。江國香織の中にある〝子ども〟はぼくのそれとはまったく違っていた。というよりぼくの中にあっても気づかなかった、気づきたくなかった部分だった。

この一冊は少なくとも、ぼくの子どもを見る目を変えた。その冷静な視点に、子どもは「小さなおとな」であることを思い知らされたのだ。

先日、市民大学の子育て講座で講師をした。といっても、ぼくは司会をしただけで、本当の講師は小学二年生から五年生の十一人の子どもたちだ。「子どもに聴く」というスタイルで、この夏出会った子どもたちの代表に来てもらった。

けっこう本音が出て盛り上がったのだが、後半、「おとなと子どもとどちらが得か」という話題になった。子どもたちは全員「子どもが得」に手を上げた。客席のおとなたちは半分ずつに分かれた。客席にいた江國さんは「おとなが得」に手を上げていた。「おとなは夜遊びができる」「子どもは家出をしてもすぐ補導される」「お金が欲しくても働くことができない」と理由を言った。

すかさず、五年生の男の子が「でも、おとなは子育てが大変だ」と返した。どんな話題も子どもが一歩リードしていた。彼らのほうが冷静におとなを見ている。

「最後にひとこと」でその五年生の彼は言った。「まあおとなのみなさん、子育てがんばってください」

六十歳デビュー目指して

○月○日
月に一回のレクチャーの日、講師は河合隼雄さん。年に一度の約束でもう十五年以上もきていただいている。笑いとユーモアの中にも心にひびくひとことをおりまぜた講演は人気絶大、いつも超満員で本もたくさん売れる(これがうれしい)。

もうおなじみになった、講演後のフルートの演奏を楽しみにしている人も多く、会場にフルートの音色がゆったりと流れると、ぼくは言いようのない満足感を覚える。

六十歳の還暦のお祝いの席で初めてフルートを披露されたのがついこの間のようだ。

あれから十数年、目が回るほど忙しくなった河合さん、いったいいつ練習しているのだろう。

メキメキ腕を上げ、とうとうCDを出してしまった。

汗をかきながらフルートのリハーサルをしている河合さんを眺めていると、それがまたなんとも楽しそうで、うらやましくなってしまう。

それで、とうとうぼくは二年前にウクレレを買った。六十歳デビューを目指し、毎日家で練習に励んでいる。なんといってもCがドであることがわかって感動しているくらいだから、道は遠く険しい。

「楽しそうだね」と言っていた中学生の息子が最近ギターを買った。それで二人でレコードをかけて、弦の張っていないギターをひきまくって遊んだ。

「あー、おもしろかった」というひとことに、バカな父親は「これでいいのだ」と、河合さんの『Q&Aこころの子育て――誕生から思春期までの48章』の一節を思い出しながらニヤニヤしていた。

河合さんのいつもの語りの調子で書かれたこの本は、お父さんたちにもぜひ読んでほしいぼくのおすすめの一冊だ。

人はなにで生きるか

○月○日

秋の合宿。山の中の温泉。百人の前で本の話をした。自分の店が主催する会で、いろんな講師にまじって自分が話をするのは初めてである。最近、あちこちへ講演ならぬ本の紹介にでかけることが多いのだが、合宿となると少しようすが違う。しかも参加していただく方々は店を支えてくれる常連ばかりだ。

この日、ぼくがいちばん紹介したかったのは『トルストイの民話』だった。伝説や民話をもとにした十七編の作品で、子どもから読めるものである。

なかでも「人はなにで生きるか」の一編に集中して話をした。貧しい靴屋の夫婦が、飢えて凍えている一人の青年を家に招き入れるというストーリーなのだが、その夫婦の自分たちの生活と他人への愛との心の葛藤がすさまじい。その言葉のひとつひとつが読む者の心にも突きささってくる。忙しい毎日を、収支ばかり気にして生きている自分が見えてくるのだ。

経営者として恥ずかしい告白なのだが、この合宿の企画もスタートする前からすでに赤字すれすれの状態だったのである。店のスタッフたちからも、努力が報われないのでは……という声もあった。

いつもこうなのだ。二十年以上も本屋を続けてきて、まだボーナスというものを出したことがない。「子どもたちの笑顔がボーナスだ」などと言いながら顔で笑って、心の中ではいつも手を合わせていた。

講師という立場で、この本がいかに感動的ですぐれたものであるかを熱く語りながら、この企画を支え、動かしている仲間のことを思った。

魔女の館のおばあさん

○月○日
『魔女からの手紙』が人気だ。作者はあの『魔女の宅急便』の角野栄子さん。二十人の画家の描く魔女の絵もすばらしい。

ハロウィーンのワークショップを開いて以来、魔女の本を探す子どもが増えた。みんなで変装して街を練り歩いたのだ。レストランから花屋に魚屋、農家や近くの駅まで、あちこちでお菓子をもらった。もちろんあらかじめスタッフがお願いに行ったところなのだが、その一軒に子どもたちから「魔女の館」と呼ばれているところがあった。

森の中の一軒家で、おばあさんがひとり暮らしをしている。門から家までの森の中の坂を上がっていくのだが、池のそばに大きなしいの木がある。

子どものころのぼくは、垣根のすき間からしのび込んでしいの実を拾った。そこには門番のおじいさんがいて、池に落ちると危険なのでよくしかられたものだ。なんとそのころからその一軒家のおばあさんは、おばあさんだったのだから不思議だ。

ハロウィーンの当日、小さなオバケたちは、恐る恐る昼なお暗い森をぬけて、魔女の館へ行った。「いたずらか、お菓子か？」、やや元気のない子どもたちの声におばあさんは「いたずら」と答えてニヤリと笑った。

それ以来、おばあさんと子どもたちはすっかり仲良しになった。おばあさんの宝物をたくさん見せてもらった。遊びにいくといつもお菓子をくれる。

野球だ！

○月○日

待ちに待った野球大会の日。やっと晴れた。ぼくは、自分で言うのも変だけど、すごい雨男で、子どもとのキャンプ二十年連続雨の記録を持っているくらいである。昨年は大雨だったので、体育館の中でピンクのビニールボールとプラスチックのバットで試合をした。東京から五味太郎、飯野和好、荒井良二、北海道からあべ弘士もきていた。そりゃあ、このメンバーなのだから、かなり盛り上がったのはいうまでもない。アナウンスと解説者は、仙台の新田新一郎と〝旅芸人〟の福尾野歩だ。

七年前、伊勢レック（映画館）の水野さんと「やろう、やろう」ということになって、伊勢と四日市のメンバーにプラス映画監督と絵本作家をまじえて、メリーズ対ポピンズの試合をし続けてきた。映画『奈緒ちゃん』の監督の伊勢真一が参加したときは、大雨のグランドで七回までどろんこの死闘をくり広げた。それでもぼくはこの七年間、秋の伊勢の野球大会をすごく楽しみにしている。

伊勢の地で四年前から〝あそびじゅつin伊勢〟という、親子で参加できる合宿をその野球に合わせてやっているくらいだ（なんて受講者に失礼な！）。

何はともあれ、ついに晴れた。小さな五味太郎の応援団が「タローッ」と叫ぶ。近所の幼稚園児たちだ。ウグイス娘もいる。「三番、五味、背番号53」なかなかよい響きである。まわりには伊勢の山々、ここ倉田山球場は巨人軍、沢村栄治の出身地である。入り口に銅像もある。巨人ファンのあべ弘士は記念写真を撮っていた。

さて、ぼくの打順が回ってきた。スタッフの応援がうれしい。「かっとばせ」の声にまじって、「給料上げろ」というのも聞こえてくる。

レックの水野さんのヒョロヒョロ球なんぞカキーンと打ってやるぞと、イメージはできていたのだが、三回振ったバットに球はあたってくれなかった。

昼は、休日返上できてくれたスタッフ手作りの豚汁とおにぎりである。晴れわたった空、回りの山々、22対18のスコアボード、集まった人たちはみんな笑っていた。

神話の降る夜

○月○日
吟遊詩人友部正人のライヴの帰り、星空を見上げた。伊勢神宮の参道、おはらい町に友人のライヴハウスができたお祝いのライヴだった。
昼間は参拝客でにぎわう通りも、夜はしんとして気持ちがいい。すべて木造の家並みと石畳、路地が入り組んだおかげ横丁、後ろには五十鈴川が流れている。

空から神話の降る夜は
星のいびきが聞こえます

すっかり灯のない町並みは
星の夜空につづきます

※「空から神話の降る夜は」

友部正人の書く詩はここちよい。彼は歌の間に詩を朗読したりする。これがまたよい。彼の言葉の持つ不思議な音色がその場の空気を包み込んでいく。ファンは歌声を求めてやってくるのだが、ぼくは彼の詩を読む声が気に入っている。

詩の朗読が気持ちいいことを教えてくれたのは谷川俊太郎である。どうしてこんなに詩人はいい声をしているのだろうと思った。

新しい詩集が出るたびにその声が耳から流れ込んでくるようだった。

子どもたちに、詩や童話を紹介するとき、ぼくは作者本人のように読むことはできない。だけど、自分が感じた楽しさや悲しさ、せつなさをそのまま伝えたいと思っている。

子供の頃
見上げた月が
おとなになってからも
同じところにあったから
ぼくはいつも月を歌っていた
ぼくはいつも月と踊っていた

※「ルナ・ダンス」(『空から神話の降る夜は』所収)

久しぶりに会った詩人にぼくは、こんど本屋の片すみで彼の詩の朗読会をやる約束をした。

青い本をバックに

○月○日

約束の夜が来た。詩人、友部正人の夜の本屋でのライヴである。本屋のレジカウンターにギターをかかえた友部正人がすわる。うしろの本棚には青い色の背表紙の本をたくさん集めて並べた。ライトがあたると、まるで月の夜のライヴという気分だ。三十人を予定していたお客は四十人以上になり、ざぶとんやイスで本棚と本棚の間にすわって聴いた。ライヴ中にうっかりそばにある絵本を取って眺めてる人もいた。つい、いつものくせが出るのだろう。しかし、夜の本屋の空間はまったく昼間とはちがう。

歌声のあとのしんとした空気、詩を朗読中の友部正人のうしろの本棚から少しずつ言葉がたちあがってくる立体感に背中がぞくっとした。

長年本屋をやっているが、本を売るという場がこんなに神秘的だとは思わなかった。それは友部正人の甘い声と生ギターのかわいた音が作り出す空気のせいもあるのだろうけど、ぼくには、店の中のたくさんの本がその音を吸い込んでいるような気がした。

なによりもこの夜の本屋の魅力にとりつかれたのは歌っていた友部自身だったようで、ぼくと彼は固い握手をして、「またやろうね」と約束した。

カルタを作る

○月○日

「ほんをよんだら、だらだらする」「づぜざざざ、テレビがくるったおとがする」

忘年会で、遊美術の子どもたちが作ったカルタで遊んだ。子どもの文と絵で作ったこのカルタ、「ち」とか、「ちょ」とか、似ている言葉ではじまるのがあって、すぐお手付きしてしまう。読みにくくて、わかりづらいのだが、それがまた最高におもしろい。

「ヲークラリーにいく」え？　と首をかしげるが、作者に言わせれば、「ウォークラリー」ではだめなのだそうだ。「だくらにのた人」は六歳の作。絵もラクダには見えないが、その力強い文字と絵をついうっとり眺めてしまう。

子どもの生活が見えてくるものも多い。「るすばんしてたらねむくなる」「ローンがかかってくるしいな」「かんじわやっぱりむづかしい」……左から右へ書いたり、言葉の途中で急に行が変わったりで、読み手もかなり苦労する。

そこがまたおもしろい。読み手も取り手も笑いながら子どもの表現力に「まいったな」と思っている。毎日毎日、どんどんどんどん自分が子どもだったころのことを忘れているおとなたちにとって、このカルタは不思議に新鮮だった。子どもたちの絵と文に、世の中を見る子どもの視線に、笑いながらも、ふっと考え込んでしまうのだ。

好評だったこのカルタ、とうとう正月に『ポストモダーンカルタ』として本屋で売ることになった。いま、スタッフたちの手作りで大量生産中(?)だ。子どもたちのパワーがおとなにのりうつって、印刷係、一枚ずつ切る係、箱づめ係、みんな喜々として作業をしている。

「㋝みがないてもあつくない男のこんじょうあつくない」。冬の寒い日に「せ」の一文字でこれを書いた七歳の男にぼくは嫉妬する。

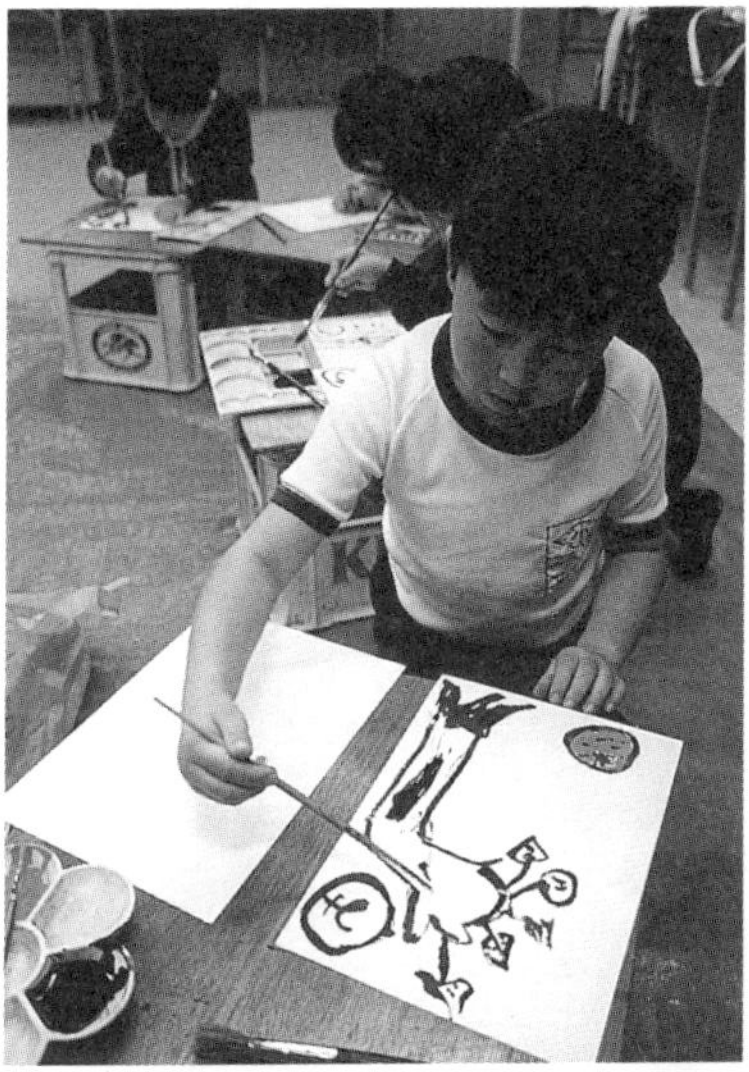

パッとひらめき、エイッと描く

グリグリ画伯

○月○日

冬の北海道、旭川にあべ弘士をたずねた。真冬の雪にうもれた動物園が見たかったのだ。旭川には〝こども冨貴堂〟という本屋がある。店主の福田さんはいつもニコニコ、ぼくたちのわがままを聞いてくれる。こんな仲間がいるから、あべさんはいい仕事ができるのだな、とことども冨貴堂の二階で宴会をしながら考える。

旭川にある旭山動物園には、あちこちにあべさんの絵の看板があった。あべさんは子どものころから絵を描くのが好きで、自転車を走らせながらもスケッチをしていたそうである。

あべさんと旅をすると、どこにいてもスケッチブックを出して描いている。ま、それが絵描きというものなんだろうけど、彼の鉛筆の持ち方と描き方が、手首をグリグリ動かしているように見えて、おもしろい。だから、ぼくたちは彼のことを〝グリグリ画伯〟と呼んでいる。グリグリ画伯のグリグリスケッチがあまりにもすばらしいので、旅行中に彼のスケッチをホテルの部屋に貼って、展示会をやったことがあった。いっしょに旅をしてる人たちに、自分の好きな絵の下にシールを貼ってもらうことにした。あべさんの部屋は、個展の会場になり、お酒やつまみの差し入れもあって、ずいぶん盛り上がった。あべさんは、自分自身の気に入ってる絵には、あまりシールが貼られていないのに驚き、「おもしろいなあ」を連発しながら、お酒を飲んでいた。

『ゴリラにっき』というあべさんの絵本は、「きょうのかんそう」という線画のページにグリグリ画伯のグリグリが出ていてぼくは気に入っている。文章も、ふだんのあべさんの語り口調で、ゴリラというより〝あべ日記〟を読んでいるようでうれしい。

二十五年間、動物園で暮らしていた（働いていた）あべさんの、愛情あふれる動物たちの絵本の数々は、子どもたちだけでなく、おとなたちをも喜ばせ、よく売れている。

語り部・野原ことさん

○月○日

富山の利賀村へおばあちゃんに会いにいく。民宿「西の屋」を一人できりもりしている野原ことさんは語り部である。なぞなぞから民話まで、ときどき唄《うた》を入れながら楽しく語ってくれる。元気な八十五歳だ。

手作りの料理を楽しんだあとはいよいよおばあちゃんの話である。「こんななーんもない山の奥へよくいらっしゃったねえ」と話がはじまる。そのときのメンバーは十人。ぼく以外はみんなここにくるのは初めてである。夜中までおとなも子どもも、熱心に聞いている。涙を流すお父さんがいる。そのひざで居眠りする子どもがいる。なんともいえぬ空気を、真ん中のいろりが包み込んでいる。外は雪がしんしんと降っている。

スタッフの森仁太郎がバイクで一人旅をしているときに、たまたま泊めてもらったのがこの「西の屋」だったのだが、それ以来、ぼくの知り合いだけでももう百人以上がここにきている。

「一人のお客さんに心を尽くして喜んでもらえば、必ずその人の後に三十人のお客さんがいるもんさ」というおばあちゃんの言葉は本当だったのだ。

おばあちゃんが子どものころに覚えたという唄を聞きながら、ぼくは小宮山量平さんの『千曲川――そして、明日の海へ』という一冊の本を思い出していた。

戦後の日本の児童文学を支え、多くの作家を世に送り出してきた小宮山さんの少年時代の話である。長野から東京へ転校してきた小宮山少年の姿と、十一歳で奉公に出たというおばあちゃんの話が重なる。

苦しかった田舎の小さな本屋をはげまし続けてくれた小宮山さんの数々の言葉と手紙、利賀村のおばあちゃんの語り、このあたたかさを次の世代に伝えることがぼくにできるだろうか。

物語を運ぶ喜び

○月○日

「お話の本のない子たちは、どうしているんだろう」「なんとかしてるのさ。お話の本は、パンじゃない、なくったって生きていける」「ぼくだったら、生きていけないけどなあ」。一人の少年と歩いて本を売る老人の会話である。やがてこの少年はおとなになって、馬車に本を積んで遠くの子どもたちに本を届ける人になっていく。『お話を運んだ馬』は、こっそり抱きしめていたぼくの宝物の一冊である。

本屋をはじめて、いちばん苦しかった五年目にこの本に出会い、ぼくは物語を運ぶ人の喜びをたたきつけられた。

「きょう、わしたちは生きている、しかしあしたになったら、きょうという日は物語に変わる。世界ぜんたいが、人間の生活のすべてが、ひとつの長い物語なのさ」……セリフのひとつひとつが、本屋をはげますためにあるような一冊だった。

それから二十年の間に何度もこの本は品切れになった。品切れ重版未定のハンコの押された注文書が出版社から返ってくるのは悲しい。この一冊はいわばぼくの心の一冊で、大きな声ですすめてるわけではないのだが、手に入らないとなるとやはりさみしい。いまは願いかなって再版されているが、どうか品切れにしないで、のラブコールを岩波書店に。


ということで、小さな本屋の思いを読んでいただいた皆さんに感謝合掌、ありがとう。

これからも子どもたちに、うそつきとかペテン師と呼ばれながら、その声をエネルギーにして、「あー、この町にいて、こんな本屋があってよかったなあ……」とおとなになった子どもたちに言われるよう、おもしろい物語を探したり話したりし続けることでしょう。

A . R

ながーいあとがき

それは突然やってきた。ま、病気というものはいつもそうなんだろうけど、ボストンとニューヨークから帰ってきて時差ボケのまま早朝野球に行って、その夜、栄養をつけるぞと焼き肉をたくさん食べ、夜中に腹が痛くてトイレに行き、そこで目が回って倒れてしまった。

トイレのドアを開け、息子を呼んだ。「医者を呼んでくれ」（わが家はすぐ近くにかかりつけの内科医がいる）「どうしたの」と聞かれたぼくは、「絶体絶命や」と答えたらしい。今思えばおかしいが、そのときは必死だった。

やってきた医者がなにやら注射をしてくれた。「メニエルですなあ」、「えっ？」「目が回る病気ですわ。疲れがたまったんですな」……いろいろ言われても、ぼくは不安な自分の状態が怖くなっていた。死、というものがずっと気持ちの中に入っているのだ。胸はドキドキ、身体はフラフラ、食欲もなく、何をする気力も消えてしまった。

三日ほどして、友人の医師に相談した。「悪いこと言わないからすぐ仕事を止めて休みなさい」と、ぼくの手帳のスケジュールを見て「どんな元気な人でもこんなに動き回っていたら倒れるわ」と言われた。

週に一、二度の早朝野球、夜は少林寺拳法、たまの休日は海へ波乗り、講演や会議が三日に一度はあった。その間をぬって、子どもたちと遊び回っていたのだ。そのうえ最悪なのは、不規則な食事と睡眠不足。反省の材料は山ほどある。

それから二ヶ月間の仕事はすべてキャンセルした。少しずつ回復してくると、散歩したり、洗濯したり、犬と遊んだりしていた。

それでも、ことわり切れない仕事には、たまに出かけたりしていた。こんなはずがない、ぼくは体力あるはずだと、少し調子がよくなると、いつものペースにもどそうとがんばり、また調子を悪くしていた。

「自律神経がやられてますね」と、いろんな薬を医者からもらって飲んでいた。精神を安定させる薬である。ひどいときは、眠れなかった。部屋の窓から月を眺めて泣いた。それほど自分の身体の声が理解できない自分が悲しかったのだ。

静かな音楽を聞いた。激しいのがダメになってしまった。好きだったビールが飲めない、コーヒーが飲めない、肉が食べられない、驚くほどわがままになった。子どものころから好き嫌いなどまったくなく、大きな病気をしたことのないぼくは、四十九歳にして、人生の大きな曲がり角にいた。

旅に出る決心をした。今思えば、きっととってもなさけない、弱った顔をしていたのだろう。一ヶ月で八キロもやせたのだから。

なぜかぼくの頭の中には、灰谷さんの住んでいる沖縄の渡嘉敷島が浮かんだ。毎年、子どもたちとキャンプに行っているところだ。さっそく電話してみた。「あんたの病気、ぼくもなったことあるよ、おいでおいで」と気持ちよく受け入れてくれたので、ぼくは五月の連休の後に沖縄に飛んだ。弱っている顔をこれ以上店のスタッフや子どもたちに見せたくなかったのだ。

沖縄には、東京から娘の桃子が仕事を休んできていた。

「おばあちゃんが旅費出したるから父さんの世話しろって」とまあ、そういう理由らしい。家で苦しんでいるのを見ていて、母が一人で行かせるのを心配したのだろう。

渡嘉敷島では、灰谷さんが歓迎してくれた。おいしい魚と手料理でもてなしてくれた。その後、しばらく灰谷さんが東京へ出かけている間、桃子とぼくは灰谷さん宅をわが家のように使って暮らしはじめた。

最初のうちは、窓の外をヒラヒラとまるで紙きれのように優雅に舞う蝶を何時間も眺めて喜んでいたのだが、少し元気になると、小さなバイクを借りて、二人であちこちの浜に出かけ、散歩したり貝を拾ったりした。

五月である。渡嘉敷の海は美しい。観光客は泳いでいた。ぼくの調子はわりと良かったが、夜になると少し不安になり、なかなか眠れなかった。仲よしの漁師の仲井さんが毎日のように取れたての魚を持ってたずねてくれて桃子と酒を飲んでいた。

うらめしそうにそれを横で見ながら、ぼくはヨガをしたり本を読んだり、持ってきたウクレレをポロポロ弾いたりして気をまぎらわしていた。お酒を飲むと動悸がはげしくなるのだ。

そんなふうに十日ほど暮らしていたが、桃子が東京へ帰ることになった。そうながく休んでいられないのだろう。帰る前の夜、テレビを観た。灰谷さんのところはなぜか衛星放送しか入らない。アフリカのシャーマンの薬草療法をやっていたので観ていたのだが、それが終わったらなんだかなつかしいジャズが聞こえてきた。『五つの銅貨』という古い映画がはじまった。ぼくが大学生のころに観た映画で、ダニー・ケイ扮するコルネット吹きの父親とその娘の愛の物語である。感動して、サントラ版のレコードを買ったことを覚えている。この映画に登場する主人公の友人のトランペット吹きは、ぼくが一番あこがれているルイ・アームストロングというミュージシャンだ。

音楽をとるか、家族をとるか苦悩する父親の姿はとてもせつなく、娘と二人で歌うシーンは、涙なくしては観ることができない。ぐうぜん親子でこの映画を観られたことにぼくはけっこう満足していた。

翌日、ぼくは桃子といっしょに帰ることにした。一人で残る不安もあったが、正直なところかなりさみしくなっていたのだ。

那覇の飛行場で別れ際に桃子が「これ、あとで読んで」と手紙を差し出した。

飛行機の中でその手紙を読んでぼくは泣いてしまった。なにか忘れていた大切なものを桃子からもらった、そう、うれし泣きだった。(本人の許可をもらったのでその手紙を全文紹介)

むずかしい本よんでも、オモシロクない体操やっても考え込んでもだめですよ。もちろん薬のんでも。

お父さんに必要なのは、五つの銅貨です。

ゆうがにとぶ蝶です。

子どもの目がじっとみつめるものです。

むずかしい問題の答えは、単純なものの中にあると知っているでしょう?

心は言葉にできません。ましてや文章にもできません。
でも映画や、絵や、詩に、それを感じることが
できるでしょう？

お父さんがどうしてこういう仕事をしているのか？
きっとそういうことでしょう？　厚い本を書く学者と同じか
それ以上のことを、絵本をよむ子どもは
知っているし、感じているでしょ？

もう大人だし、そんな説明できないような
あいまいなものを信じて生きていくのは大変だけれども
それを取り上げたらお父さんには何が残るのでしょう。

すこやかでいる術を、もう知っているでしょう？

ずっと夢みていきましょう。

ももこ

店に帰ったぼくをスタッフは喜んで迎えてくれた。道場の子どもたちは「あっ、まぼろしの先生が帰ってきたぞ」、「どこいっとったん」と飛びついてきた。わずか十日間しかるすにしていないのに。そのときぼくは、ぼくの居場所はここなんだと実感した。

あれからちょうど一年、ぼくの体調はずいぶん良くなった。たくさんの友だちや家族やスタッフにささえられて、新しく一冊の本を出すことができるようになった。感謝の言葉が出ないほど感謝している。

二〇〇一年秋　増田喜昭

め し／メロン／めざし／めんたいこ／めばちまぐろ／めだか／めんどり／めじろ／めざましどけい／めがね／メトロノーム／めかじき／めんきょ／めいじてんのう／メリノしゅ／メロディー／めすねこ／めんぼう（p114）
あべ弘士

りー べ（p117）
荒井良二

ごー じょっぱり（p134）
飯野和好

らん ナー／ランニングシャツ／らん／らんおう／らんぴつ／らんきりゅう／ランラン／らんすうひょう／らんそううん／らんちゅう（p161） あべ弘士

ど うけ（p165）
荒井良二

この本のイラストレーションは、「ま・す・だ・よ・し・あ・き」「メ・リー・ゴー・ラン・ド」の各語からはじまるものを自由に描いてもらった。担当する語は、くじびきによって決めた。

◎イラストレーションのひみつ

ま つぼっくりくんまちぼうけ（p15）
飯野和好

す いか／するめ／すし／スキー／スケートボード／すいせん／スフィンクス／すもう／スカンク／スラー（p28）
あべ弘士

だ だっこ（p59）
飯野和好

よ だれかけ（p72）
飯野和好

し まうま／しま（p85）
荒井良二

あ り／あせ（p91）
荒井良二

き りん／きつね／きんけい(きじ)／きょん(やぎ)／きょうりゅう／キャパ／きんぎょ／きりたんぽ／きのこ／きゅうす／きしめん／キリスト／きゅうきゅうしゃ（p96）　あべ弘士

メリーゴーランドの向こう側

ぼくは若いころ、遊園地などでメリーゴーランドを見ると泣きそうになるクセがあった。

小さかったころ、病気で入院していた父親が久しぶりに帰ってきて、ぼくを動物園に連れていってくれたことがあった。たしか名古屋駅から路面電車に乗って行ったような記憶がある。

そのときぼくは五歳くらいだっただろうか、動物園の奥のほうにあった小さな遊園地のメリーゴーランドにのっけてもらった。またがっている木馬がぐるーっと回って父親が見えなくなると、また父親がいなくなってしまうのでは……という不安で、泣きそうになった。そのせいかどうかわからないが、いまでも動いているメリーゴーランドを見ると、胸にぐぐっとくる。

そんなわけで、子どもの本屋をはじめるとき、「メリーゴーランド」という名前にした。好きな人の顔の見えないとき、そんなさみしい気持ちを切り替えてくれる、楽しい本と出会える場をつくりたいと思ったのだ。

ところが、そんな楽しい場に出会ったのは、子どもたちではなく、ぼく自身だった。子どもの本を読み、売るということはそういうことだったのだ。メリーゴーランドの向こう側、父親が見えないときのぼくの心のスキマを満たしてくれたのは、子どもの本とその本の書き手たちだった。

毎月のレクチャーで、たくさんの書き手たちは、お金のない田舎の小さな本屋を気持ちよく応援してくれた。「世の中捨てたもんじゃない」と思わせてくれた人たちである。

二十五年間のレクチャーの講師の名をすべて紹介することはできないが、ここ六年間のリストを感謝の気持ちを込めて紹介したい。

◎メリーゴーランド　イベント一覧表

1996年度

❖LECTURE1996　年間テーマ「子どもと自然」

'96・4・14（日）①河合雅雄（動物学者）「子どもと自然」
4・21（日）②おすぎ（映画評論家）のシネマDEトーク④
5・11（土）③友部正人（ミュージシャン）&有山じゅんじ（ミュージシャン）「今日もコツコツ」
5・26（日）④スズキコージ（イラストレーター）「バリで考えたこと…」
6・22（土）⑤江國香織（作家）「泣かない子供」
6・30（日）⑥谷川俊太郎（詩人）&中川ひろたか（音楽家）「メリーゴーランドのうた」
9・14（土）⑦川島誠（作家）「いまさら何を書くのか　何を読みたいのか」
9・22（日）⑧中村征夫（水中写真家）「海も天才である」
10・27（日）⑨五味太郎（絵本作家）「ときどきハードに考えましょう」
11・24（日）⑩飯野和好&荒井良二（共にイラストレーター・絵本作家）「絵本で考える」
12・14（土）⑪山下明生（童話作家）「右脳で読む　右脳で書く」
12・15（日）⑫田島征三（画家）「絵とか絵本は命をはき出すことで出来る」
'97・1・26（日）⑬姉崎一馬（写真家）「自然と子ども」
2・23（日）⑭今江祥智（作家）「書物の運命」

❖特別企画・イベント・ツアー・原画展など

'96・4・3（水）〜6（土） 渡嘉敷自遊楽校（3泊4日） ゲスト／灰谷健次郎
4・29（祝月） 第1回三滝川・川登りハイキング（柳橋〜高角橋編）
7・6（土）《メリーゴーランド開店20周年記念特別講演》
あべ弘士・工藤直子・トラや帽子店（中川ひろたか・福尾野歩・増田裕子）
7・7（日）《メリーゴーランド開店20周年記念特別講演》
今江祥智・河合隼雄・新沢としひこ・灰谷健次郎
7・28（日） 第11回夏休みおやこ寄席／第3回桂文我の会 桂文我・桂喜丸・桂出丸
8・5（月） 第2回三滝川・川登りハイキング（高角橋〜県橋・四日市酪農編）
8・24（土）〜26（月） サマーカレッジ1996 in 箱根
講師／あべ弘士・石坂啓・今江祥智・落合恵子・桂文我・桂米平・工藤直子・新沢としひこ・杉山亮・中川ひろたか・福尾野歩・増田裕子
9・26（木） 小室等 待宵ライヴ
10・28（月） 第3回オールスター夢の野球大会（四日市メリーズ対伊勢TWOソックス）
11・3（日）〜4（祝月） トラや合宿1996 in 湯の山
講師／工藤直子・阪田寛夫・中川ひろたか・福尾野歩・増田裕子
11・10（日） おすぎ（映画評論家）&戸田奈津子（映画字幕翻訳家） シネマDEトーク⑤
12・12（木） 勝手にレックツアー『イル・ポスティーノ』
12・23（祝月） 第12回クリスマスおやこ寄席／第4回桂文我の会 桂文我・桂米平・桂こごろう

これがぼくの本屋、メリーゴーランド

'97・12・25（水）〜29（日）山形蔵王スキーツアー（4泊5日）
'97・3・8（土）あべ弘士「動物塾1997」プレイベント　ゲスト／トラや帽子店
4・1（火）第2回桂枝雀・文我二人会　桂枝雀・桂文我・桂出丸

1997年度

❖LECTURE1997　年間テーマ「子どもの本の冒険」

'97・4・27（日）①田島征三（画家）講演＋映画『絵の中のぼくの村』上映
5・25（日）②岡田淳（童話作家）「選ばなかった冒険」

6・15（日）③荒井良二＋飯野和好＋スズキコージ（イラストレーター・絵本作家）「絵本バトルロイヤル!!」

7・13（日）④河合隼雄（臨床心理学者）＋工藤直子（詩人）＋阪田寛夫（詩人）「三人よれば…」

9・28（日）⑤AZUMI（ブルーズマン）「AZUMI　LIVE」

10・19（日）⑥五味太郎（絵本作家）「あらためて大人問題」

11・9（日）⑦富安陽子（童話作家）「夢を支える力」

12・14（日）⑧今江祥智（作家）＋上野瞭（作家）＋灰谷健次郎（作家）「三人よれば…その2」

'98・1・25（日）⑨長倉洋海（フォトジャーナリスト）『人間が好き』＋写真展
2・22（日）⑩毛利子来（小児科医）「たぬき先生の〝折り入った〟話」

❖特別企画・イベント・ツアー・原画展など

'97・4・6（日）あべ弘士「動物塾①青春グラフィティ『動物園物語』」　ゲスト／中川ひろたか
4・29（祝火）第3回三滝川・川登りハイキング（県橋〜一色橋編）
5・11（日）おすぎ（映画評論家）＋野上照代（黒沢プロダクション・マネージャー）
シネマDEトーク⑥
6・7（土）あべ弘士「動物塾特別野外講座　そうだ！　東山動物園行こう！　ツアー」
6・8（日）あべ弘士「動物塾②絵本の中の動物たち」
6・14（土）今江祥智（作家）『モンタンの微苦笑』出版記念講演会
6・22（日）瀬木貴将＆パデランテ「心に響く風の音ライヴ」
瀬木貴将・鬼怒無月・谷川賢作・ヤヒロトモヒロ
チルドレンズ・ワークショップ「葦笛と打楽器の会話」瀬木貴将・ヤヒロトモヒロ
7・21（祝月）〜24（木）　北海道旭川・あべ弘士動物塾達人ツアー（3泊4日）　ゲスト／中川ひろたか
8・3（日）第4回三滝川・川登りハイキング（大羽根園〜湯の山神明橋編）
8・10（日）第13回夏休みおやこ寄席／第5回桂文我の会　桂文我・桂三象・桂つく枝
8・16（土）〜21（木）　おもしろ極楽バリ6日間（5泊6日）　ゲスト／福尾野歩・あべ弘士
8・23（土）〜25（月）　サマーカレッジ1997 in 箱根
講師／荒井良二・飯野和好・上野瞭・岡田淳・長田弘・落合恵子・桂文我・桂米平・川端誠・斎藤次郎・新沢としひこ・長新太・中川ひろたか・福尾野歩・増田裕子・村中李衣・毛利子来

8・30(土) 斎藤次郎（教育評論家）「気分は小学生　子どものことは、子どもに聞こう」
8・31(日) 斎藤次郎'Sワークショップ「ジロちゃんとあそぼう!?」
10・5(日) あべ弘士「動物塾③あなたも北海道病になる」　ゲスト／澤口たまみ（昆虫学者）
10・5(日)～31（金）　五味太郎シルクスクリーン展
10・20(月) 第4回オールスター夢の野球大会（四日市メリーズ対伊勢TWOソックス）
11・16(日) おすぎ（映画評論家）＋戸田奈津子（映画字幕翻訳家）シネマDEトーク⑦
11・23(日)～24(祝月)　トラや合宿1997 in湯の山温泉
講師／江國香織・谷川俊太郎・中川ひろたか・福尾野歩・増田裕子
12・7(日) あべ弘士「動物塾④『どうぶつタイムス』は朝日をこえる」　ゲスト／河合雅雄
12・23(祝火)　第14回クリスマスおやこ寄席／第6回桂文我の会　桂文我・月亭八天・桂雀喜
12・26(金)～31(水) チルドレンズ・ミュージアムツアー　ニューヨーク・ボストン6日間（5泊6日）
'98・1・4(日)～7(水)　スキーに行こう！　山形蔵王初滑りツアー1998（3泊4日）
1・10(土)～31(土)　長倉洋海『人間が好き』写真展
2・1(日) あべ弘士「動物塾⑤感じて地球」
2・15(日) ジロちゃんとあそぼうPART②「風は知っている」斎藤次郎
3・6(金) 長谷川きよし&ヤヒロトモヒロ　DUO　LIVE　TOUR'98
3・26(木)～29(日)　あべ弘士動物塾　早春の北海道・旭山動物園ツアー（3泊4日）

1998年度

❖LECTURE1998　年間テーマ「今、この人に会いたい」

'98・4・26（日）①荒井良二（イラストレーター・絵本作家）＋内田麟太郎（作家）「今、この人に会いたい」
5・24（日）②工藤直子（詩人）＋阪田寛夫（作家・詩人）「風かおる五月」
6・21（日）③あべ弘士（絵本作家）＋小室等（歌手）「晴耕雨読50才になれば…」
7・12（日）④河合隼雄（臨床心理学者）
9・27（日）⑤江國香織（作家）＋斉藤洋（児童文学作家）「今、この人に会いたい」
10・18（日）⑥五味太郎（絵本作家）
11・15（日）⑦今江祥智（作家）＋宇野亜喜良（イラストレーター）＋小さな絵の展覧会
12・6（日）⑧谷川俊太郎（詩人）＋DiVa（谷川賢作＋高瀬麻里子＋大坪寛彦）
'99・1・17（日）⑨灰谷健次郎（作家）＋石坂啓（漫画家）「子育て論？　子に育てられ論？」
2・7（日）⑩おすぎ（映画評論家）「いい映画を見なさい」

❖特別企画・イベント・ツアー・原画展など

'98・4・12（日）ジョン＆まどか・マクエッカーンさんのワークショップと講演会「ボストンチルドレンズミュージアムがいつもすてきなわけ…」
5・10（日）第5回三滝川・川登りハイキング（柳橋～高角橋編）
7・20（祝月）～8・31（月）夏・アロハ・ウクレレ3人展　あべ弘士・荒井良二・飯野和好

7・25(土)〜28(火)　あそびじゅつin渡嘉敷（3泊4日）　講師／灰谷健次郎・福尾野歩
8・2(日)　第15回夏休みおやこ寄席／第7回桂文我の会　桂文我・月亭八天・桂都んぼ
8・6(木)　ハワイのゴスペルシンガー森繁昇ライヴ
8・9(日)　第6回三滝川・川登りハイキング（湯の山〜清気橋編）
8・11(火)〜16(日)　おもしろ極楽バリ6日間（5泊6日）　ゲスト／福尾野歩・あべ弘士
8・22(土)〜24(月)　サマーカレッジ'998in箱根（2泊3日）
講師／永六輔・落合恵子・桂文我・桂米平・金原瑞人・五味太郎・齋正弘・新沢としひこ・中川ひろたか・福尾野歩・増田裕子・村上康成・米村傳次郎・渡辺ひろみ
9・6(日)　今江冬子（女優）＋内田紳一郎（俳優）道化2人芝居「たくさんのお月さま」
特別ゲストトーク・今江祥智
9・12(土)　友部正人ライヴ＆トーク「ニューヨークについてあれこれ」
10・4(日)　福尾野歩と伊藤夢葉（手品師）の「お笑いタッグマッチ」
10・19(月)　第5回オールスター夢の野球大会（四日市メリーズ対伊勢ポピンズ）
11・22(日)〜23(祝月)　あそびじゅつin湯の山
講師／荒井良二・桂文我・桂米平・新田新一郎・平田明子・増田裕子
12・2(水)〜27(日)　『まひるのほし　不思議の国のアーティストたち』作品展
12・13(日)　増田裕子＋柴田愛子の「気分はクリスマス」トーク＆ライヴ
12・20(日)　映画『まひるのほし』上映会＋佐藤真監督・かしわ哲・北岡賢剛トーク
12・26(土)〜29(火)　スキーに行こう！　山形蔵王ツアー（3泊4日）

'99・1・2(土)〜7(木) シドニー港探険隊(5泊6日)《四日市港開港100周年記念事業》
1・6(水)〜31(日) あべ弘士の描くバリ原画展
1・10(日) 第16回初笑いおやこ寄席/第8回桂文我の会 桂文我・桂三象・桂紅雀
1・30(土) ジロちゃんとあそぼうPART③「おもちゃをつくろう」斎藤次郎
2・14(日) 中川ひろたか(音楽家)+小野明(編集デザイナー)「中川ひろたかのすべて」
3・29(月)〜4・3(土) チルドレンズ・ミュージアムツアー ロサンゼルス・ラスベガス6日間(5泊6日)

1999年度

❖LECTURE1999 年間テーマ「子どもの本の原点に帰る」
'99・4・25(日) ①灰谷健次郎(作家)
5・23(日) ②小宮山量平(児童文学編集者)
6・27(日) ③河合隼雄(臨床心理学者)
7・18(日) ④佐野洋子(絵本作家)+おすぎ(映画評論家)
9・19(日) ⑤今江祥智(作家)
10・31(日) ⑥江國香織(作家)+福尾野歩(旅芸人)
11・28(日) ⑦齋正弘(彫刻家)

12・5（日）⑧工藤直子（詩人）＋増田裕子（ミュージックパネル作家）
'00・1・23（日）⑨谷川俊太郎（詩人）＋DiVa（谷川賢作＋高瀬麻里子＋大坪寛彦）
2・27（日）⑩長田弘（詩人）「本という不思議」

❖特別企画・イベント・ツアー・原画展など
'99・4・12（月）ゴスペルシンガー森繁昇ライヴ
4・29（祝木）第7回三滝川・川登りハイキング（高角橋〜神森かに池編）
4・29（祝木）〜5・15（土）島田ゆか『バムとケロのおかいもの』原画展
4・30（金）カプラであそぼう！　講師／富安智子
7・2（金）藤井康一（ウクレレ）＋関ヒトシ（ギター）ライヴ
7・25（日）〜28（水）あそびじゅつin沖縄・渡嘉敷（3泊4日）　ゲスト／灰谷健次郎・福尾野歩
7・29（木）〜8・2（月）パラオ探険隊ツアー（4泊5日）
8・10（火）〜15（日）地球感動倶楽部シンガポール・マレーシア6日間（5泊6日）
ゲスト／あべ弘士（絵本作家）・福尾野歩（旅芸人）・新田新一郎
8・21（土）〜23（月）サマーカレッジー999in箱根（2泊3日）
講師／飯野和好・落合恵子・桂文我・桂米平・工藤直子・清水眞砂子・新沢としひこ・新宮晋・
富安陽子・中川ひろたか・ロバの音楽座
8・26（木）第8回三滝川・川登りハイキング上級編（湯の山〜蒼滝編）
8・29（日）第1回メリーゴーランドの夏まつり

第17回夏休みおやこ寄席／第9回桂文我の会　桂文我・桂福矢・桂まん我
10・10(日)～11・18(木)　『ブラック・ウィングス集合せよ』（橋本香折・文／あべ弘士・絵）原画展
11・13(土)～14(日)　あそびじゅつin伊勢（1泊2日）
講師／あべ弘士・荒井良二・飯野和好・桂文我・桂米平・金子しゅうめい・五味太郎・福尾野歩・新田新一郎
11・15(月)　第6回オールスター夢の野球大会（四日市メリーズ対伊勢ポピンズ）
12・23(祝木)　第18回クリスマスおやこ寄席／第10回桂文我の会　桂文我・桂米平・桂まん我
'00・1・29(土)　友部正人（シンガーソングライター）　歌と朗読「夜の本屋」
2・2(日)～28(月)　『いちょうかくれんぼ』（久野陽子・文／梶山俊夫・画）原画展
2・11(祝金)～13(日)　地球感動倶楽部　山形蔵王スキーツアー（2泊3日）　ゲスト／灰谷健次郎
2・13(日)　ケロポンズ（増田裕子・平田明子）コンサート　ゲスト／下畑薫（ギター）
3・27(月)～4・2(日)　チルドレンズ・ミュージアムツアー　ボストン・ニューヨーク7日間（6泊7日）

2000年度

❖LECTURE2000　年間テーマ「ことば・詩・音」
'00・4・16(日)　①江國香織（作家）
5・21(日)　②河合隼雄（臨床心理学者）「児童文学のなかの音」

6・18（日）③飯野和好（絵本作家・イラストレーター）＋桂文我（落語家）
「〜たびゆけば〜　おっと絵本浪曲落語でいっ！」
7・16（日）④今江祥智（作家）
9・24（日）⑤神沢利子（作家）
10・22（日）⑥灰谷健次郎（作家）＋樹木希林（女優）
「子どもの詩を灰谷さんが読む　灰谷さんの詩を樹木さんが読む」
11・26（日）⑦友部正人（シンガーソングライター）＋知久寿焼（ミュージシャン）
歌と朗読「ぼくの声　きみの声」
12・17（日）⑧谷川俊太郎（詩人）＋ＤｉＶａ（谷川賢作＋高瀬麻里子＋大坪寛彦）
'01・1・28（日）⑨あべ弘士（絵本作家）
2・25（日）⑩長田弘（詩人）

❖特別企画・イベント・ツアー・原画展など

'00・4・7（金）藤井康一（ウクレレ）＋関ヒトシ（ギター）『ウクレレでごめんね』ライヴ
4・23（日）映画『えんとこ』上映会＋伊勢真一監督トーク
4・30（日）第9回三滝川・川登りハイキング（柳橋〜高角橋編）
5・25（木）クニさんミカちゃんの「親子でポコポンコンサート」
クニ河内（音楽家）・野田美佳（マリンバ奏者）
7・5（水）〜8・7（月）福尾野歩「ものがたり　書詩展」

7・14（金）福尾野歩（旅芸人）「ものがたり　うたがたり」ライヴ
7・24（月）〜27（木）あそびじゅつin石垣島・竹富島（3泊4日）
灰谷健次郎（作家）／福尾野歩（旅芸人）／新田新一郎（プランニング開）
8・9（水）〜9・4（月）『カえるくんのたからもの』（とりごえまり・作）原画展
8・5（土）〜7（月）サマーカレッジ2000in東京（2泊3日）
講師／あべ弘士・荒井良二・飯野和好・延藤安弘・岡田淳・落合恵子・桂文我・桂米平・ケロポンズ（増田裕子・平田明子）・五味太郎・ささめやゆき・新沢としひこ・高畠純・田島征三・中川ひろたか・藤本ともひこ・村上康成・新田新一郎
8・14（月）〜21（月）ミュンヘン・ウィーン8日間（7泊8日）
「ミニミュンヘンとフンデルトワッサーゆかりの地を訪ねてツアー」
8・27（日）第2回メリーゴーランドの夏まつり
第19回夏休みおやこ寄席／第11回桂文我の会　桂文我・桂梅団治・桂まん我
9・1（金）〜30（土）『おやすみ時計』（山岡ひかる・絵）原画展
10・4（水）〜30（月）『ロッキーの原影』（岡野昭一・写真）写真展
11・11（土）〜12（日）あそびじゅつin伊勢おかげ横丁（1泊2日）
講師／あべ弘士・荒井良二・飯野和好・桂文我・桂米平・狩野泰一・寺門琢己・福尾野歩・新田新一郎・松田素子
11・13（月）第7回オールスター夢の野球大会（四日市メリーズ対伊勢ポピンズ）
12・2（土）〜4（月）富良野・旭川「富良野塾」「幻夢一夜」カンゲキ!ツアー2000冬

12・16（土）　ゲスト／あべ弘士（絵本作家）
第1回詩のボクシング三重大会
審査員／谷川俊太郎（詩人）・谷川賢作（作曲家）・楠かつのり（音声詩人）他
12・23（土祝）　第20回クリスマスおやこ寄席／第12回桂文我の会　桂文我・桂宗助・桂まん我
12・26（火）～29（金）　地球感動倶楽部　蔵王スキーツアー（3泊4日）　ゲスト／福尾野歩（旅芸人）
'01・1・17（水）～2・5（月）『ゴリラにっき』あべ弘士原画展
2・7（水）～3・14（水）『おじいちゃんのおじいちゃんのおじいちゃんのおじいちゃん』長谷川義史原画展
3・26（月）～30（金）　バリ島プライベートツアー（4泊5日）

2001年度

❖LECTURE2001　年間テーマ「喜喜迴迴25周年！」
'01・4・22（日）①灰谷健次郎（作家）＋檀ふみ（女優）
5・13（日）②荒井良二＋飯野和好＋あべ弘士（3人の絵本作家）＋小野明（編集者）
「絵本・うた　そして浪曲」
6・17（日）③江國香織（作家）＋江國晴子（編集者）＋位頭久美子（編集者）
「書いたこと　書かなかったこと」
7・7（土）④今江祥智（作家）＋石井睦美（作家）「Bar　MONTAND」

7・8（日）⑤谷川俊太郎（詩人）＋DiVa（谷川賢作＋高瀬麻里子＋大坪寛彦）
「Bar AVID」飛び入りゲスト／福尾野歩（旅芸人）
9・24（祝月）⑥田島征三（画家）＋おおたか静流（ヴォイス・アーティスト）
「木の実がぼくを呼んでいた」
10・21（日）⑦河合隼雄（臨床心理学者）＋斎藤惇夫（児童文学作家）
11・4（日）⑧工藤直子（詩人）＋中川李枝子（児童文学作家）
12・2（日）⑨あべ弘士（絵本作家）＋ねじめ正一（詩人・作家）
'02・1・6（日）⑩桂文我（落語家）

❖特別企画・イベント・ツアー・原画展など
'01・4・20（金）〜5・14（月）『桜物語』（大西伝一郎・文／たちようこ・絵）原画展
4・29（日）第10回三滝川・川登りハイキング（高角橋〜神森かに池編）
5・16（水）〜6・18（月）『ピーナッちゃんとドーナッちゃん』つつみあれい原画展
6・20（水）〜7・16（月）「絵本作家が描くメリーゴーランド　喜喜迴迴展」
（あべ弘士・荒井良二・飯野和好・宇野亜喜良・片山健・工藤直子・五味太郎・ささめやゆき・佐野洋子・杉浦範茂・スズキコージ・田島征三・長新太・長谷川集平・広瀬弦・松本大洋）
7・18（水）〜8・20（月）『きつねのぼんおどり』（山下明生・文／宇野亜喜良・絵）原画展
7・22（日）〜25（水）あそびじゅつin沖縄・久米島（3泊4日）

灰谷健次郎（作家）／福尾野歩（旅芸人）／新田新一郎（プランニング開）
7・29（日）第3回メリーゴーランドの夏まつり
第21回夏休みおやこ寄席／第13回桂文我の会　桂文我・桂米平
8・10（金）〜12（日）サマーカレッジ2001 in 東京（2泊3日）
講師／あべ弘士・今森光彦・江國香織・長田弘・落合恵子・桂文我・桂米平・上遠恵子・新沢としひこ・高楼方子・福尾野歩
9・19（水）〜10・15（月）『しずかなケモノとさわがしい植物たち』田島征三展
10・6（土）〜8（祝月）あそびじゅつ in 伊勢おかげ横丁「絵本的あそびじゅつ」（2泊3日）
講師／あべ弘士・荒井良二・飯野和好・金子しゅうめい・桂文我・桂米平・新田新一郎・堀宏行・三輪哲

＊本書のカバー・イラストレーションは、2001年5月13日のLECTUREの舞台上、3人の絵本作家によって、ライヴ・ペインティングとして制作されたものである。

25周年のウィンドウ・ディスプレイ

◎メリーゴーランド店内

イラスト・つつみあれい

◎ブックリスト（あいうえお順）・索引

あ

『青い馬と天使』　ウルフ・スタルク作　アンナ・ヘグルンド絵
　菱木晃子訳　ほるぷ出版　*52*

『あくび』　中川ひろたか文　飯野和好絵　文渓堂　*38*

『あしたは月よう日』　長谷川集平作　文研出版　*34*

『あな』　谷川俊太郎作　和田誠画　福音館書店　*145*

『穴』　ルイス・サッカー作　幸田敦子訳　講談社　*50*

『あのときすきになったよ』
　薫くみこ作　飯野和好絵　教育画劇　*44*

『いっちゃんはね、おしゃべりがしたいのにね』
　灰谷健次郎文　長谷川集平絵　理論社　*25*

『犬の目』（落語ワンダーランド②）　桂米平作　喜迴舎　*29*

『おじいちゃんの口笛』　ウルフ・スタルク作
　アンナ・ヘグルンド絵　菱木晃子訳　ほるぷ出版　*41*

『おとうさんおはなしして』　佐野洋子作・絵　理論社　*125*

『おねえちゃんは天使』　ウルフ・スタルク作
　アンナ・ヘグルンド絵　菱木晃子訳　ほるぷ出版　*41*

『おばけのバーバパパ』　アネット・チゾン、タラス・テイラー作
　やましたはるお訳　偕成社　*22*

『お話を運んだ馬』
　I・B・シンガー作　工藤幸雄訳　岩波書店　*163*

か
『カンポンのガキ大将』
ラット作　荻島早苗、末吉美栄子訳　晶文社　*138*
『君たちはどう生きるか』　吉野源三郎著　岩波書店　*51*
『Q&Aこころの子育て　誕生から思春期までの48章』
河合隼雄著　朝日新聞社　*148*
『くものかたち』　フランスワ・ダヴィッド文
マルク・ソラル写真　わかぎえふ訳　ブロンズ新社　*60*
『五重塔』　幸田露伴作　岩波書店　*66*
『こどものころにみた空は』
工藤直子詩　松本大洋絵　理論社　*37*
『ゴリラにっき』　あべ弘士作　小学館　*161*

さ
『サツキマスのいた川』　田口茂男著　草土文化　*31*
『さらやしき』(落語ワンダーランド①)　桂文我作　喜廻舎　*30*
『じごくのそうべえ』　田島征彦作　童心社　*16*
『職』　橋口譲二著　メディアファクトリー　*22*
『すいかの匂い』　江國香織著　新潮社　*146*
『戦後思想を考える』　日高六郎著　岩波書店　*55*
『双眼』　多田容子著　講談社　*73*
『ぞうさん』　まど・みちお詩　国土社　*63*
『空から神話の降る夜は』　友部正人著　思潮社　*155*

た
『ちいさいおうち』　バージニア・リー・バートン文・絵
石井桃子訳　岩波書店　*20*
『千曲川　そして明日の海へ』　小宮山量平作　理論社　*162*
『とまとさんにきをつけて』　五味太郎作　偕成社　*39*
『ともだちや』　内田麟太郎作　降矢なな絵　偕成社　*60*
『トルストイの民話』　N.トルストイ作　B.ディオードロフ画
藤沼貴訳　福音館書店　*149*

な
『永瀬清子詩集』（現代詩文庫）　永瀬清子　思潮社　*69*
『泣けない魚たち』　阿部夏丸著　ブロンズ新社　*31*
『ノコギリザメのなみだ』　長新太作　フレーベル館　*48*

は
『はじまりはじまり――絵本劇場へどうぞ』
今江祥智著　淡交社　*46*
『バスにのって』　荒井良二作・絵　偕成社　*47*
『はてしない物語』　ミヒャエル・エンデ作
上田真而子、佐藤真理子訳　岩波書店　*40*
『はるにれ』　姉崎一馬写真　福音館書店　*60*
『藩校早春賦』　宮本昌孝著　集英社　*82*
『100人が感動した100冊の絵本』（別冊太陽104）
小野明選　平凡社　*46*

『ふくろうくん』
アーノルド・ローベル作　三木卓訳　文化出版局　*77*
『へびのしっぽ』　二宮由紀子作　荒井良二絵　草土文化　*54*
『ぼくは12歳（岡真史詩集）』
高史明・岡百合子編　筑摩書房　*80*
『ポストモダーンカルタ』
遊美術の子どもたち　メリーゴーランド　*158*
『本という不思議』　長田弘著　みすず書房　*21*

ま
『魔女からの手紙』　角野栄子作　ポプラ社　*150*
『水と緑の国、日本』　富山和子著　講談社　*128*
『明恵　夢を生きる』　河合隼雄著　京都松柏社　*66*
『名医ポポタムの話（ショヴォー氏とルノー君のお話集）』
レオポルド・ショヴォー作　出口裕弘訳　福音館書店　*105*
『モモ』
ミヒャエル・エンデ作・絵　大島かおり訳　岩波書店　*40*

ら
『両手のなかの海』　西田俊也作　徳間書店　*34*

わ
『わたしの出会った子どもたち』　灰谷健次郎著　角川書店　*58*
『私の平和論』　日高六郎著　岩波書店　*56*

初出について

【朝日新聞】「本屋さんの雑記帳」に連載（1997.4〜2000.3）
とざい　とうざーい／石ころに聞いた話／蔵の中で本を読む／自分で選ぶ本／子どものひとこと／川をのぼる／お父さんだって遊びたい／分校の向こうに広がる空／絵本からあくびがうつる／十年たって読まれたエンデ／「立ち読みしてください」／どんぐり眼の同級生／絵本の中の空気／心にしみる名セリフ／あんぽんたんのひいひいじいさん／小さな天使たちとサンタ／サンタの本選び／日高六郎さんからの言葉／灰谷健次郎さんの子どものころ／時代小説もいいゾ／自分の町を探険する／おはなしの力／田んぼの思い出／わからないから楽しいのだ／バリ島・タガス村の子どもたち／ふるさとのにおいと夏／チルドレンズ・ミュージアム／沖縄でサマーキャンプ／ただ、穴を掘る／おとなと子ども、どちらが得か／六十歳デビュー目指して／人はなにで生きるか／魔女の館のおばあさん／カルタを作る／語り部・野原ことさん／物語を運ぶ喜び

＊収録にあたり一部改題し加筆しました。上記以外はすべて書き下ろしです。

著者について

増田喜昭（ますだ・よしあき）
一九五〇年生まれ。子どもの本の専門店「メリーゴーランド」（三重県四日市市）店主。子どもの本の普及に力を注ぐ一方で、子どもの絵画造形教室「遊美術（あそびじゅつ）」を主宰。「四日市こだるま道院」の道院長として子どもたちに少林寺拳法も教える。著書に『子どもの本屋、全力投球！』『ヨムヨム王国――子どもの本のガイドブック』（晶文社）がある。

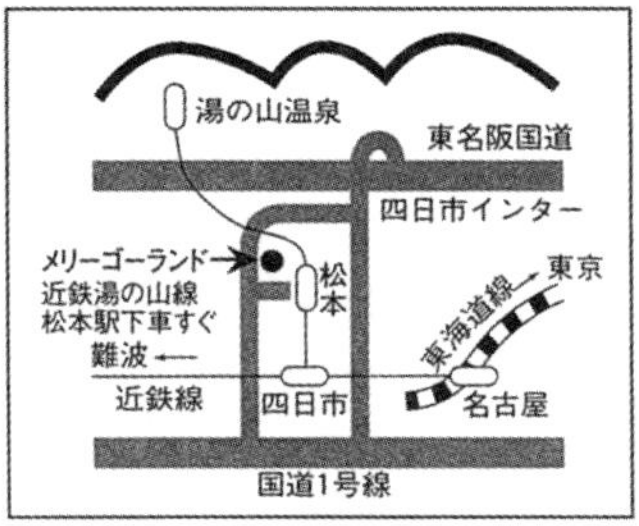

〒510-0836 三重県四日市市松本3-9-6
TEL：0593-51-8226

子《こ》どもの本屋《ほんや》はメリー・メリーゴーランド

二〇〇一年一一月二五日初版
二〇一二年 一 月二〇日四刷

著者 増田喜昭
発行者 株式会社晶文社
東京都千代田区神田神保町一―一一
電話（〇三）三五一八―四九四〇（代表）・四九四二（編集）
URL http://www.shobunsha.co.jp
編集・市河紀子
印刷 株式会社ダイトー
製本 ナショナル製本協同組合

ISBN978-4-7949-6512-7 Printed in Japan

好評発売中

子どもの本屋、全力投球！　増田喜昭

ここは本屋か、図書室か。立ち読みOK。紙芝居や読書会もやる。本嫌いの子もよっといで。やりくりは苦しいけれど、負けないぞ。子どもたちに本当に読んでもらいたい本を選び売る。田んぼの中に出現した小さな本屋のでっかい夢。

ぼくは本屋のおやじさん　早川義夫

本と本屋が好きではじめたけれど、この商売、はたでみるほどのどかじゃなかった一小さな町の小さな本屋のあるじが綴る書店日記。「成功の高みから書かれた立志伝には求めがたい光沢が見いだせる」（朝日新聞評）

永遠の少年少女　アリソン・ルーリー　麻生九美訳

すぐれた児童文学作家は、大人になっても子どもの心をもちつづけている。作家自身が永遠の少年少女なのだ。世界中で愛されている名作から現代のベストセラーまで、子どもの本の魅力と不思議を再発見する読書案内。

子どものからだとことば　竹内敏晴

からだのゆがみ、ねじれなど、子どものからだこそ、子どもがさらされている危機のもっとも直接的な表現なのだ。孤立させられた「からだ」をすくいだし、他者とふれあうためのからだとことばをとりもどす。

すべてきみに宛てた手紙　長田弘

書くことは二人称をつくりだす試み……どうしても大切にしたいものは何ですか。目の前にいない人を、自分にとってなくてはならぬ存在に変えてゆく、言葉の親しい贈り物。詩人の魅惑の手紙エッセー。「深い洞察に支えられた簡潔な言葉の美しさ」（朝日新聞評）

お金とじょうずにつきあう本　ジャフェ、サン＝マルク　永田千奈訳

お金って何？　どこからくるの？　お金で何でも手に入るの？　おこづかいをもらったり買物をしたり、子どもだってお金の知識が必要です。お金に関するさまざまな疑問をスパッと解決。将来ほんとうに豊かな暮らしをするために、楽しく学べる〔生活ガイド〕絵本。

暴力から身をまもる本　ジャフェ、サン＝マルク　永田千奈訳

お兄ちゃんや上級生がいじわるをする。そんなときどうすればいいの？　いじめや暴力にたいする具体的な対処法をやさしく解説。自分で自分の身をまもり、安全で自立した生活をおくるために必要なことをともに考える、子どものための〔生活ガイド〕絵本。